Qiche Zhuangshi yu Meirong

汽车装饰与美容

刘海峰　侯朋朋　主　编
　　　　沙云峰　副主编

人民交通出版社股份有限公司
北京

内 容 提 要

本书是由从事多年职业教育教学工作的专业负责人和一线骨干教师在企业调研的基础上,对汽车装饰与美容岗位群的职业能力进行分析,研究总结汽车装饰与美容培养方案,并在企业、行业专家的指导下编写而成的。全书分为四个项目,主要内容包括汽车清洁、汽车漆面养护、汽车装饰、汽车部件修复。每个项目又由多个任务组成,每个任务的操作步骤都是按照企业的接待流程设计,以完成项目的工作步骤为主线,把理论和实践紧密地结合在一起,以便于调动学生自主学习和实践的积极性。

本书可供职业院校、技工院校汽车类专业师生使用。

图书在版编目(CIP)数据

汽车装饰与美容/刘海峰,侯朋朋主编. —北京:人民交通出版社股份有限公司,2021.8
ISBN 978-7-114-17445-2

Ⅰ.①汽… Ⅱ.①刘… ②侯… Ⅲ.①汽车—车辆保养—技工学校—教材 Ⅳ.①U472

中国版本图书馆 CIP 数据核字(2021)第 144852 号

书　　　名:	汽车装饰与美容
著　作　者:	刘海峰　侯朋朋
责任编辑:	郭　跃
责任校对:	孙国靖　魏佳宁
责任印制:	张　凯
出版发行:	人民交通出版社股份有限公司
地　　　址:	(100011)北京市朝阳区安定门外外馆斜街 3 号
网　　　址:	http://www.ccpcl.com.cn
销售电话:	(010)59757973
总　经　销:	人民交通出版社股份有限公司发行部
经　　　销:	各地新华书店
印　　　刷:	北京虎彩文化传播有限公司
开　　　本:	787×1092　1/16
印　　　张:	8
字　　　数:	180 千
版　　　次:	2021 年 8 月　第 1 版
印　　　次:	2023 年 2 月　第 2 次印刷
书　　　号:	ISBN 978-7-114-17445-2
定　　　价:	36.00 元

(有印刷、装订质量问题的图书,由本公司负责调换)

根据汽车装饰与美容专业的发展趋势,编者在充分调研汽车装饰与美容企业经营模式和学校教学情况,广泛听取企业、行业专家以及专业教师对现有教材反馈意见的基础上,对汽车装饰与美容的教学理念、教学内容进行了改革。同时,根据现代汽车装饰与美容技术发展的新特点,在结构和内容方面做了调整与更新。

本书对汽车装饰与美容的各项目的实施顺序进行了重点设计,使其实施步骤对标企业、行业标准,同时注重教学实践同岗位需求相结合,采用任务驱动法实施汽车装饰与美容的各个项目。

本书坚持贯彻职业院校"以服务为宗旨,以就业为导向",突出了职业技能教育一体化教学的特色。本书的主要特点如下:

(1)在编写理念上,根据职业院校学生的培养目标及认知特点,合理确定学习目标,对任务内容的深度、难度进行了适当调整,同时注重综合职业能力的培养。

(2)在编写内容的安排上,以汽车装饰与美容产品为载体,注重激发学生的学习兴趣,引导学生主动学习。书中配有大量与任务相对应的高质量图片,避免大段文字的罗列,符合学生的认知规律。

(3)在教学思想上,坚持理论与实践相结合,贯彻"做中学,学中做"的职业教育理念,强调实践与理论的有机统一。

(4)本书在编写上打破了传统教材章节的编写体例,构建以项目导向、任务驱动的课程体系,在引导学生完成任务的过程中获得知识、提高能力、培养兴趣。

(5)内容知识面广,综合性强。本书注重汽车后市场职业岗位对人才的知识、能力的要求,力求与相应的职业资格标准衔接。

本书由山东交通技师学院刘海峰、侯朋朋担任主编,沙云峰担任副主编,卢炳朋、张健参与编写。在编写过程中,编者参考了大量相关著作和文献资料,在此一并向相关作者表示真诚的感谢。

由于编者水平有限,书中难免有错漏之处,敬请读者批评指正。

编　者
2021年6月

项目一　汽车清洁

任务一　普通洗车 …………………………… 1
任务二　精致洗车 …………………………… 7
任务三　内饰清洁护理 …………………… 18
任务四　漆面深度清洁 …………………… 26
任务五　发动机舱清洁 …………………… 31
任务六　汽车空调清洗 …………………… 36
任务七　轮胎轮毂清洁养护 ……………… 40

项目二　汽车漆面养护

任务一　漆面打蜡护理 …………………… 45
任务二　漆面抛光 ………………………… 50
任务三　漆面封釉 ………………………… 54
任务四　漆面镀膜、镀晶 ………………… 58

项目三　汽车装饰

任务一　防爆太阳膜装贴 ………………… 63
任务二　隐形车衣装贴 …………………… 71
任务三　车身改色 ………………………… 76
任务四　汽车彩饰装贴 …………………… 81

项目四　汽车部件修复

任务一　前照灯翻新修复 ………………… 85
任务二　玻璃修复 ………………………… 90
任务三　轮毂修复 ………………………… 97
任务四　真皮修复 ………………………… 104
任务五　车身凹陷无痕修复 ……………… 108
任务六　保险杠修复 ……………………… 113
任务七　玻璃划痕修复 …………………… 117

参考文献 ………………………………… 122

项目一　汽车清洁

任务一　普通洗车

> **问题导入**

汽车外部清洗的目的是什么？

答：汽车在日常使用的过程中，由于会处于日晒雨淋、风吹沙击、高温、严寒、强光、酸雨等恶劣环境，使车身漆面和零部件表面受到侵蚀，并黏附污垢，严重影响车身装饰效果和使用寿命。为提高汽车的使用寿命，保持汽车清洁靓丽，应及时对汽车进行清洗护理。

> **任务流程**

活动一 接车 → 活动二 填写施工单 → 活动三 施工前准备 → 活动四 施工 → 活动五 检查验收 → 活动六 联系用户 → 活动七 交车 → 活动八 评价总结

> **具体操作**

☞ **活动一　接车**

步骤一

引导车辆进入指定工位，并等待用户下车，提醒用户保管好车内的物品，引导用户进入休息区。

汽车装饰与美容

活动二 填写施工单

根据施工单上内容,认真填写服务项目、车辆信息、车牌号码、车主电话,记录车辆里程数、油表油量等信息。

步骤二

绕车一周,检查车身有无破损、剐蹭,玻璃、天窗是否关闭,若发现异常,及时向车主说明情况。

汽车装饰与美容施工单

温馨提示:贵重物品随身携带!　　　　　　　　　　　　　　　　　　　　No:

车主姓名		车型		入店时间	
车牌号码		电话		交车时间	
接车进店情况记录					
车辆标识:凹陷:△划痕;○破损:×如发现上述问题在右图标注清楚并及时告知车主					(右) 前端 (左)　F E

项目一 汽车清洁

续上表

	项目(大写字母)	金额	开始时间	结束时间	施工人员	美容护理
						汽车清洗：□A 普通洗车　□B 精致洗车
1						漆面美容：□C 深层去污　□D 漆面打蜡　□E 划痕修复
2						高级美容：□F 漆面抛光　□G 漆面封釉　□H 漆面镀晶
3						内饰美容：□I 真皮清洁　□J 臭氧消毒　□K 顶棚清洗
4						□L 轮毂清洁　□M 内饰翻新　□N 空调清洗　□P 前照灯翻新
5						客户特殊要求：

质检记录					
汽车质检记录				漆面美容质检记录		客户意见反馈
车外：漆面、玻璃、边缝	□ok	□有尘有污有水	漆面打蜡	□ok □有残蜡未清除	
车门：门框、门边、内饰板	□ok	□有尘有垃圾	深层去污	□ok □未按流程操作，出现擦痕	
车内：仪表台、换挡杆、脚垫	□ok	□未清洁、有异物	漆面抛光	□ok □出现太阳纹，微划痕处理不到位	
车前后：行李舱、发动机舱	□ok	未清洁干净	塑料、胶品	□ok □不清洁、不上光	结果：
车轮：轮胎、轮毂、挡泥板	□ok	有泥土、有污渍	施工流程	□ok □不按工序完成	□合格
得分：　分(1项不合格-1分，超过两处则不合格)				得分：　分(1项不合格-1分，超过两项则不合格)		□不合格

接车员：　　　　施工员：　　　　　　质检员：　　　　客户签名：

☞ 活动三　施工前准备

工具准备：高压洗车设备机、泡沫设备、毛巾、洗车海绵、毛刷、吸尘器等。

人员准备：穿戴整洁，不准佩戴手表、戒指等金属饰品以防划伤车漆。

场地准备：施工场地干净整洁、无杂物，洗车工具摆放整齐。

☞ **活动四　施工**

步骤一

吹尘:将车内的脚垫抽出,放到指定位置等待清洗,打开发动机舱盖,使用压缩空气清洁发动机舱内的浮尘。

步骤二

预洗:绕车身一周,自上而下均匀喷洒泥沙松散剂。

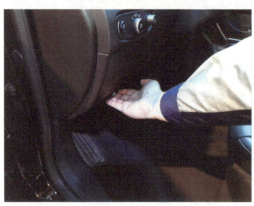

步骤三

冲车:调整洗车机水压不大于7MPa,冲车时注意保持自上而下冲洗。

项目一　汽车清洁

步骤四

喷洒洗车泡沫：将洗车泡沫均匀地覆盖车身表面，注意泡沫不宜喷洒过多，洗车液应选用中性洗车液。

步骤五

擦车：以双人操作为例，两名美容技师对称作业，步调一致，按照从前到后的顺序擦车。双人配合既可以提高工作效率，又可以相互提醒，防止有漏擦。

步骤六

清洁轮胎轮毂：使用专用毛刷对轮胎轮毂进行清洗。

步骤七

二次冲车：用高压清水将泡沫及污渍冲洗干净，注意边缝处（后视镜、油箱盖等）。方法与第一次冲车相同。

步骤八

擦水：选用干净吸水的毛巾将车身表面的水擦干（注意毛巾需分类使用）。利用压缩空气吹出车身缝隙中残留的水，特别注意门边密封条、门把手钥匙孔、后视镜、油箱盖、前中网、前照灯缝隙、车牌等部位。

☞ **活动五　检查验收**

施工技师仔细检查，确保施工效果。

步骤九

内室清洁：更换内室清洁毛巾，打开车门依次擦洗门边、门框、A/B/C柱、门板、仪表板、转向盘、收音机、换挡杆、驻车制动杆；取出烟灰缸，倒掉烟灰，并清洁烟灰缸；使用吸尘器吸尘；将清洗干净的脚垫放到车内指定位置。

☞ **活动六　联系用户**

负责接待的前台人员联系用户，告知车主需要注意的事项。

项目一　汽车清洁

☞ 活动七　交车

交车前,接待人员再次检查车辆,确保车辆干净整洁后,将钥匙交还用户。

☞ 活动八　评价总结

步骤一

自评;组内互评,记录员汇报施工过程中记录的问题,安全员汇报施工过程中存在的安全问题;小组总结,对于存在的问题提出整改意见。

步骤二

教师点评各小组在施工过程中不足之处,提出合理的改进意见。

任务二　精致洗车

> 问题导入

精致洗车和普通洗车有什么区别?

答:精致洗车是相对于普通洗车而言的。精致洗车更加细致,项目更多,整车清洁程度更高。各美容店对精致洗车的服务标准大同小异。具体的,精致洗车有如下优点。

(1)洗车的流程及工具、产品更加规范,比如毛巾、毛刷分区域专用,选用中性洗车液及各类清洁剂等,减少洗车对车漆的伤害。

(2)对车辆的清洁不仅仅停留在灰尘、泥土的冲洗,更包括会对车漆形成伤害的其他污物,比如沥青、水垢、铁粉、氧化物、虫尸、鸟粪等。

(3)对车辆的清洁不只是车身表面,也包括内饰,车身缝隙处、轮胎轮毂、发动机舱、行李舱、玻璃等全方位清洁。

7

任务流程

活动一 接车 → 活动二 填写施工单 → 活动三 施工前准备 → 活动四 施工 → 活动五 检查验收 → 活动六 联系用户 → 活动七 交车 → 活动八 评价总结

具体操作

☞ **活动一 接车**

步骤一

引导车辆进入指定工位,并等待用户下车,提醒用户保管好车内的物品,引导用户进入休息区。

步骤二

绕车一周,检查车身有无破损、剐蹭,玻璃、天窗是否关闭,若发现异常,及时向用户说明情况。

☞ **活动二 填写施工单**

根据施工单上内容,认真填写服务项目、车辆信息、车牌号码、车主电话,记录车辆里程数、油表油量等信息。

项目一　汽车清洁

☞ **活动三　施工前准备**

工具准备：高压洗车设备、泡沫设备、毛巾、洗车海绵、毛刷、吸尘器、内饰吹尘枪等。

场地准备：施工场地干净整洁、无杂物，洗车工具摆放整齐。

人员准备：穿戴整洁，不准佩戴手表、戒指等金属饰品以防划伤车漆。

☞ **活动四　施工**

步骤一

取出脚垫：从一侧开始撤出，将脚垫撤出后放置在指定位置进行清洗。撤出过程中应用双手把脚垫上的尘土兜起，不能将脚垫上的沙尘散落在车内。

步骤二

吹尘:打开发动机舱盖,使用压缩空气清洁发动机舱内的浮尘。

步骤四

冲车:冲车时,应先从车顶部位开始冲起,呈45°角,水枪和车身距离不得少于15cm。按照从上到下的顺序依次冲洗:

(1)车顶－前风窗玻璃－发动机舱盖－前中网－前保险杠－左右前照灯－左右翼子板。

(2)车顶－左前窗－左后窗－左前门－左后门－前后轮胎轮毂－裙边。

(3)车顶－右前窗－右后窗－右前门－右后门－前后轮胎轮毂－裙边。

(4)车顶－后风窗玻璃－行李舱盖－后翼子板－后保险杠。

步骤三

预洗:绕车身一周,自上而下均匀喷洒泥沙松散剂。

项目一 汽车清洁

美容技师对称作业,步调一致,按照从前到后的顺序擦车。双人配合既可以提高工作效率,又可以相互提醒,防止有漏擦。

注意事项

(1)擦车工具(洗车手套、海绵等)在使用之前要用清水冲洗干净,确保无沙粒,以防止划伤车漆。使用完毕要及时清洗、晾干。

(2)为保证施工质量,应直线往复擦洗,不可随意擦洗。

步骤七

刷洗边缝:两名施工技师从前到后、从上到下,用毛刷清洗汽车边缝里长期堆积的泥沙及污垢,例如汽车字标、中网、密封条、后视镜、油箱口等处的缝隙。

注意事项

(1)汽车底边、轮弧、轮胎、轮毂通常是汽车最脏的位置。大量的泥沙和污垢一般都聚集在这些部位,需要重点冲洗。

(2)注意不要忘记冲洗后视镜。

(3)冲洗后保险杠时,应避免将水冲到排气管里面。

(4)避免水枪对准施工人员。

步骤五

喷洒洗车泡沫:从车顶开始,按照从上往下的顺序依次喷洒,在喷洒过程中要注意均匀覆盖,不宜过多,尽量避免浪费现象,腰线以下不用喷洒,因为喷洒上部时,洗车泡沫会流遍全身。

步骤六

擦洗车身:以双人操作为例,两名

11

汽车装饰与美容

步骤八

二次冲车：适当调整水枪压力、扇面，从车顶开始由上到下冲洗。方法同第一次冲车。

步骤九

深度清洗各类顽固污垢：使用美容黏土并配合清水或专用润滑剂，清除漆面各类顽固污垢。完成后用清水进行冲洗。

> **注意事项**

(1) 使用时，必须是在车身干净、湿润有水的状态下进行。

(2) 注意车身的温度不要过高或过低。

(3) 黏土应避免在塑料件和橡胶件上使用。

(4) 黏土只能和清水或专用润滑剂一起使用，不可与沥青清洗剂一同使用。

步骤十

毛巾擦水：选用干净吸水的毛巾将车身表面水擦干，例如吸水大毛巾、麂皮毛巾、内饰毛巾、门边门框毛巾、脚垫毛巾。注意毛巾分类使用。

项目一 汽车清洁

条内残留的水,用毛巾擦干。

步骤十一

压缩空气吹缝:利用压缩空气吹出车身缝隙中残留的水,两名施工技师左右对称作业,一手拿吹气枪,另一手拿干燥毛巾,毛巾始终放在气枪之后,风枪吹水须顺一个方向吹,边吹边擦,要求各边缝不能藏水,特别注意的部位是门边密封条、门把手钥匙孔、后视镜、油箱盖、前中网、前照灯缝隙、车牌等处。

注意事项

(1)在施工过程中,避免气枪枪头和管线接触到车漆任何部位,防止划伤车漆。

(2)两侧的后视镜部位是积水比较多的部位,一定要着重地进行处理。

(3)前后车牌照和前中网部位的清洗工作容易遗漏。

步骤十二

擦拭门边、门框:打开车门,用专用毛巾将门边、门框上的水擦拭干净,擦洗门边时从上往下擦。如遇到较脏门框可以用多功能小毛刷配合专用清洁剂进行清洗。利用压缩空气吹出胶

步骤十三

清洁车窗玻璃:使用麂皮毛巾擦拭前后风窗玻璃,清洁车窗玻璃时应降下车窗玻璃,对玻璃框的边缝进行擦拭,然后把玻璃升起,如玻璃较脏,可配合玻璃专用清洁剂对玻璃进行全方位清洁。

13

步骤十四

内饰吸尘:使用吸尘器之前,先用毛巾将吸尘器的管口擦干净,从主驾驶位置开始,按照主驾—副驾—后排的顺序吸尘,可通过前后移动座椅进行全方位吸尘,确保不留死角并注意座椅下面和边角缝隙。

> **注意事项**

(1)车内发现细小物品时,应特别注意不要吸进机器内,例如硬币、发卡等物品。

(2)吸尘的过程中,要避免吸尘器的管道接触到车漆任何部位。

(3)如遇到大块垃圾时(如卫生纸、塑料袋),用手取出放进垃圾箱。

步骤十五

内饰清洁:按从上到下的顺序,使用内饰吹尘枪清洁顶棚上的浮尘;用干净微湿的毛巾配合内饰清洗剂清洁仪表板;麂皮毛巾用来清洁前后风窗玻璃;内饰软毛刷用来清洁空调出风口;魔力擦刷配合万能泡沫用来清洁真皮座椅;清洁车内烟灰缸。

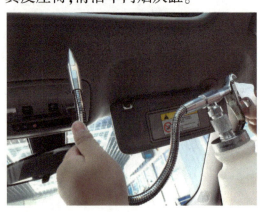

项目一 汽车清洁

最后进行上光护理,将内饰上光剂倒在小海绵上,轻挤海绵使溶剂均匀摊开,然后在仪表板上进行上光,涂抹要均匀,转向盘和驻车制动杆不需上光,完成后需用毛巾简单擦拭(塑料件、橡胶件可喷涂表板蜡;真皮座椅喷涂真皮养护剂)。

注意事项

(1)在清洁的过程中,应按照由上到下的顺序进行。

(2)毛巾要分类使用,使用之前注意清洁,微湿毛巾以拧不出水为准。

(3)遇到门板上有皮鞋印记,可用专用毛刷配合内饰清洁剂进行清除。

(4)清洁完成后,需将挪动的物品及时放归原位。

(5)内饰清洁作业人员应妥善保管好车上的物品,不得挪用、窃取车内物品和现金!

(6)不许随便打开或使用车上的音响系统。

步骤十六

清洗轮胎、轮毂:低压清水打湿轮胎轮毂,在其表面均匀喷洒专用清洁剂,配合专用毛刷进行刷洗,像轮毂螺栓孔或制动盘空间等狭小的地方使用小毛刷清洗,完成后用清水将轮胎冲洗干净。使用专用毛巾配合气枪将轮胎上的水擦干,确保清洗干净后对轮胎进行上光护理,将轮胎蜡(上光剂)均匀涂抹到轮胎侧面,自然晾干即可。

汽车装饰与美容

注意事项

轮胎上光一定要等轮毂清洗完成后再施工,施工时尽量保持轮胎处于干燥的状态,否则会影响效果。

步骤十七

清洁发动机舱:将发动机舱盖打开后先将支承杆擦干净,然后按照从上到下、从里到外的顺序进行清洁。同时检查油液是否正常,发现问题应告知车主。

步骤十八

清洁行李舱:在清洁行李舱前需征求用户同意,以免出现不必要的麻烦。

将行李舱内杂物取出,放到指定位置,使用吸尘器吸尘,用毛巾擦拭行李舱一周,清洁完毕后,将行李舱内物品整齐有序摆放。

步骤十九

刷洗脚垫:清洁方法有两种。

项目一 汽车清洁

（1）塑料橡胶类脚垫：这类脚垫可以使用洗车泡沫配合毛刷进行刷洗，然后用清水冲洗，最后晾干即可。

（2）绒布地毯类脚垫：这类脚垫一般比较厚，一旦用水刷洗，需要很长一段时间才能晾干，如果脚垫不是很脏或者用户没有特别交代可以采用干洗的方式进行清洁：首先拍打脚垫，清除大部分灰尘砂砾，然后用吸尘器吸尘，最后万能泡沫配合专用毛刷进行刷洗。

特别注意：仔细检查脚垫是否摆放正确，切记不可卡住加速/制动踏板，以防出现危险！

脚垫卡住加速/制动踏板

注意事项

（1）高档脚垫一般采用皮革材质制成，尽量避免用硬质毛刷刷洗。

（2）脚垫清洗前要标注车牌号码，以免放错。

步骤二十

放归脚垫：将清洗干净的脚垫有序放归原位。

☞ **活动五　检查验收**

施工技师仔细检查，确保施工效果。

重点检查容易遗漏的部位，如发动机舱盖边沿及内侧、前中网、后视镜、车门边缘内侧、车门把手内侧、行李舱边沿内侧、油箱盖内侧、车身底部、轮毂、轮胎、挡泥板及排气管等部件。行李舱是否关好，外部饰件应无尘、无污垢、无水痕；玻璃光亮程度；内饰部件无灰尘，室内无异味，坐垫及脚垫摆放整齐有序，车上物品是否全部放回。

汽车装饰与美容

☞ **活动六　联系用户**

负责接待的前台人员联系用户，提醒车主注意事项。

☞ **活动七　交车**

交车前，接待人员再次检查车辆，确保车辆干净整洁后，将钥匙交还用户。

☞ **活动八　评价总结**

步骤一

自评；组内互评，记录员汇报施工过程中记录的问题，安全员汇报施工过程中存在的安全问题；小组总结，对于存在的问题提出整改意见。

步骤二

教师点评各小组在施工过程中不足之处，提出合理的改进意见。

任务三　内饰清洁护理

问题导入

为什么要进行内饰清洁护理？

答：汽车在日常使用过程中，车内会残存大量的尘土、水渍、汗渍、食物残渣以及吸烟产生的焦油，这些问题若不及时处理，在丝绒地毯、座椅、空调出风口等处就会发生霉变，滋生大量细菌，继而产生难闻的气味，严重影响车内驾驶人及乘客的身心健康，因此，汽车内饰清洁护理非常重要。

清洁前

清洁后

任务流程

活动一 接车 → 活动二 填写施工单 → 活动三 施工前准备 → 活动四 施工 → 活动五 检查验收 → 活动六 联系用户 → 活动七 交车 → 活动八 评价总结

项目一 汽车清洁

> **具体操作**

☞ **活动一　接车**

步骤一

引导车辆进入指定工位,并等待用户下车,提醒用户保管好车内的物品,引导用户进入休息区。

步骤二

绕车一周,检查车身有无破损、剐蹭,玻璃、天窗是否关闭,若发现异常,及时向车主说明情况。

☞ **活动二　填写施工单**

根据施工单上内容认真填写服务项目、车辆信息、车牌号码、车主电话,记录车辆里程数,油表油量等信息。

☞ **活动三　施工前准备**

工具准备:毛巾、毛刷、吸尘器、内饰吹尘枪(龙卷风)、各类清洁养护剂等。

场地准备:施工场地干净整洁、无杂物,工具摆放整齐。

人员准备:穿戴整洁,不准佩戴手表、戒指等金属饰品,以防划伤车漆。

汽车装饰与美容

👉 **活动四　施工**

步骤一

取出脚垫：从一侧开始撤出，将脚垫撤出后，放置在指定位置进行清洗。撤出过程中应用双手把脚垫兜起，不能将脚垫上的沙尘遗落在地板上。

步骤二

整理随车物品：整理好车内物品并妥善保管，记住车上物品的摆放位置，以便清洗后按原位摆放。

步骤三

安全保护：为保证安全，使用吹尘龙卷风清洁内饰时，应注意避开车上电器元件和电器开关，必要时需要用美纹纸或遮蔽膜对其进行保护。

步骤四

擦拭门边、门框：打开车门，按照由上到下的顺序依次擦洗门边、门框。较脏位置可以用内饰专用毛刷配合专用清洁剂进行清洗。利用压缩空气吹出胶条内会残留的水，用毛巾擦干。

步骤五

清洁车窗玻璃:降下车窗玻璃,先对玻璃边框进行清洗,然后把玻璃升起,配合玻璃专用清洁剂对玻璃进行全方位清洁。

步骤七

清洗仪表板:仪表板的清洗首先应做好除尘工作,仪表板上通常有灰尘和油污,可用毛巾配合内饰清洁剂进行擦洗即可。

步骤六

清洗顶棚:汽车顶棚通常是由化纤、丝绒等材料做成,清洗时对顶棚材料纹路进行判断。顶棚清洗应使用绒毛清洁柔顺剂,从前往后,先往顶棚喷上少许绒毛清洁剂,静置3~5min后,使用内饰专用清洁海绵、内饰龙卷风或专用抽洗机进行清洁。

步骤八

清洗中控区：中控区是导航、收音机、空调等各种控制开关的分布区域。此处缝隙较多且复杂，操作中不可直接对其喷清洗剂，应把清洗剂喷在毛巾或毛刷上清洁。狭小区域角落可以使用细小棉签进行清洁。

步骤九

清洗座椅：汽车座椅主要有织物、真皮两种。

（1）织物座椅的清洗：喷上丝绒清洁剂，静置3～5min，待污垢溶解后，使用内饰专用软毛刷对座椅进行刷洗，后用干净毛巾擦除污垢即可。

（2）真皮座椅的清洗：喷上真皮清洁剂，静置3～5min，待污垢溶解后，使用内饰专用软毛刷对座椅进行刷洗，后用干净毛巾擦除污垢即可。

步骤十

清洗车门内板：车门内板的清洁应该从上到下，门边储物盒要清洗干净。对于车门内板上的玻璃升降器开关、后视镜调节旋钮，要用小毛刷配合内饰清洁剂进行清洁，施工完毕后用压缩空气吹干。需要注意对车内烟灰缸进行清洁！

项目一　汽车清洁

步骤十一

内饰吸尘:吸尘器在使用之前,先用毛巾将吸尘器的管口擦干净,从主驾驶位置开始,按照主驾—副驾—后排的顺序吸尘,可通过前后移动座椅进行全方位吸尘,确保不留死角。注意座椅下面和边角缝隙处。车内发现细小物品时,应特别注意不要吸进机器内,例如硬币、发卡等物品;吸尘的过程中要避免吸尘气的管道接触到车漆任何部位;如遇到大块垃圾时(如塑料袋),用手取出放进垃圾箱,不可随意丢弃。

步骤十二

清洁行李舱:在清洁行李舱前,需征求用户同意,以免出现不必要的麻烦。

将行李舱内杂物取出,放到指定位置,使用吸尘器吸尘,用毛巾擦拭行李舱一周,清洁完毕后,将行李舱内物品整齐有序摆放。

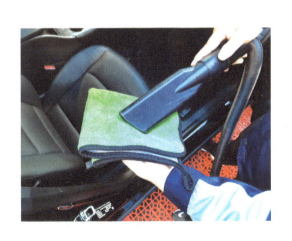

步骤十三

刷洗脚垫：清洁方法有两种。

（1）塑料橡胶类脚垫：这类脚垫可以使用洗车泡沫配合毛刷进行刷洗，然后用清水冲洗，最后晾干即可。

（2）绒布地毯类脚垫：这类脚垫一般比较厚，一旦用水刷洗，需要一段很长时间才能晾干，如果脚垫不是很脏或者用户没有特别交代可以采用干洗的方式进行清洁。首先拍打脚垫，清除大部分灰尘砂砾，然后用吸尘器吸尘，最后万能泡沫配合专用毛刷进行刷洗。高档脚垫采用皮革材质制成，尽量避免用硬质毛刷刷洗。

步骤十四

放归脚垫：将清洗干净的脚垫有序放归原位。

特别注意：仔细检查脚垫是否摆放正确，切记不可卡住加速/制动踏板！

脚垫卡住加速/制动踏板

步骤十五

臭氧消毒：由于车辆在行驶中，经常处于封闭与半封闭状态中，细菌和异味会吸附在内室的各个角落，会对乘车人的健康造成危害，臭氧消毒可以有效消除车内异味，并有消毒、杀菌功能。

步骤十六

内饰护理：上光护理，将内饰上光剂倒在小海绵上，轻挤海绵使溶剂均匀摊开，然后在仪表板上进行上光，涂抹要均匀，完成后需用毛巾简单擦拭（塑料件、橡胶件可喷涂表板蜡；真皮座椅喷涂真皮养护剂）。

注意事项

（1）在清洁的过程中，应按照由上到下的顺序进行。

（2）毛巾要分类使用，使用之前注意清洁，微湿毛巾以拧不出水为准。

（3）遇到门板上有皮鞋印记，可用专用毛刷配合内饰清洁剂进行清除。

（4）清洁完成后，需将挪动的物品及时放归原位。

（5）内饰清洁作业人员应妥善保管好车上的物品，不得挪用、窃取车内物品和现金！

（6）不许随便打开或使用车上的音响系统。

☞ **活动五　检查验收**

施工技师仔细检查，确保施工效果。

重点检查容易遗漏的部位，玻璃光亮如何；内饰部件无灰尘，室内无异味，坐垫及脚垫摆放整齐有序，车上物品是否全部放回。

☞ **活动六　联系用户**

负责接待的前台人员联系用户，提醒车主注意事项。

☞ **活动七　交车**

交车前，接待人员再次检查车辆，确保车辆干净整洁后，将钥匙交还用户。

汽车装饰与美容

☞ **活动八　评价总结**

步骤一

自评；组内互评，记录员汇报施工过程中记录的问题，安全员汇报施工过程中存在的安全问题；小组总结，对于存在的问题提出整改意见。

步骤二

教师点评各小组在施工过程中不足之处，提出合理的改进意见。

任务四　漆面深度清洁

问题导入

为什么漆面深度清洁很有必要？

答：漆面深度清洁是汽车日常维护的重要项目之一。日常洗车不彻底，会导致残留的污垢长期侵蚀车漆，造成漆面粗糙、黯淡无光。为防止这类情况的发生，我们可以通过美容黏土(洗车泥)或专用清洗剂(虫胶、柏油沥青清洁剂)来去除。它能在不损伤车的情况下，迅速清除漆面顽固污垢，还原车漆本来面貌。

知识拓展：美容黏土，又叫洗车泥、去污泥，它具有较强的去污能力，而且不会损伤车漆。洗车泥是由超细纤维及固体胶状经过反复加工而成，所以具有细、黏的特点。细是指经洗车工人反复擦洗，可以擦入车体因氧化而产生的细孔内；黏是指经洗车工人反复擦洗，可以去除车体上的水垢、鸟(虫)粪便、铁粉、酸雨、树胶、自然氧化以及不当护理的残留物质。

任务流程

活动一 接车 → 活动二 填写施工单 → 活动三 施工前准备 → 活动四 施工 → 活动五 检查验收 → 活动六 联系用户 → 活动七 交车 → 活动八 评价总结

项目一　汽车清洁

具体操作

☞ **活动一　接车**

步骤一

引导车辆进入指定工位,并等待用户下车,提醒用户保管好车内的物品,引导用户进入休息区。

步骤二

绕车一周,检查车身有无破损、剐蹭,玻璃、天窗是否关闭,若发现异常,及时向车主说明情况。

☞ **活动二　填写施工单**

根据施工单上内容认真填写服务项目、车辆信息、车牌号码、车主电话,记录车辆里程数、油表油量等信息,并让车主同意签字。

☞ **活动三　施工前准备**

工具准备:美容黏土、黏土专用润滑剂(中性万能泡沫)、虫胶清洁剂等。

场地准备:施工场地干净整洁、无杂物,洗车工具摆放整齐。

27

汽车装饰与美容

人员准备：穿戴整洁，不准佩戴手表、戒指等金属饰品，以防划伤车漆。

步骤二

漆面湿润：分块处理，以 30cm × 30cm 区域为宜，用低压清水将施工区域打湿。为保证施工质量，需要时刻保持漆面湿润。

☞ **活动四　施工**

步骤一

汽车清洗：参考精致洗车流程将车身处理干净。

步骤三

黏土去污：用手将美容黏土捏至扁平，配合黏土润滑剂（中性万能泡沫)使用,使用过程中不可用力过大,避免损伤漆面。黏土分区域使用,一块去污黏土处理漆面腰线以上部位,另外一块黏土处理漆面腰线以下部位。

注意事项

(1)虫尸多在前保险杠、前风窗玻璃及后视镜上,不必全车喷洒。

(2)在液体干燥之前,需用清水冲掉。

(2)沥青去除。

流程:将施工区域的水分擦干,把柏油沥青清洗剂喷到污垢处,等到污垢溶解后便可冲洗。遇到比较顽固污物可以用毛巾进行擦拭。

注意事项

(1)大多沥青附着在车身下部,不必全车喷洒。

(2)在液体干燥之前,需用清水冲掉。

(3)将沥青去除剂涂抹在塑料件或橡胶件上时,会使这些部件变色,所以应避免在这些部位使用。

(3)铁粉去除。

流程:在车身湿润的状态下,对需要施工区域喷洒铁粉去除剂(以30cm×30cm范围为宜),待出现紫红色液体后,用清水冲洗。

(1)飞虫、鸟粪去除。

流程:把虫胶清洁剂喷到施工区域,等到污垢溶解后,冲洗即可,遇到比较顽固污物可以用毛巾轻轻擦拭。

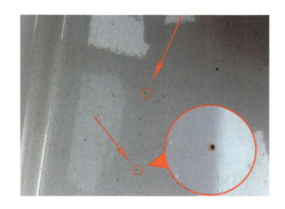

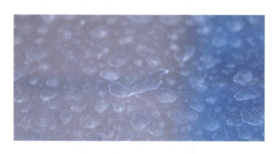

注意事项

（1）在污垢干燥之前，进行冲洗。

（2）去水垢所用的海绵必须是湿润干净的。

（3）对于黑色或其他深颜色车漆，擦洗时力度要轻，以防止出现擦痕。

步骤四　冲洗漆面

使用大量清水，将车身表面污渍冲洗干净。

步骤五　擦干漆面

使用柔软干净毛巾，并配合压缩空气将漆面及边缝水渍处理干净。

注意事项

在液体干燥之前，将其冲掉。

（4）水垢去除。

流程：在车身保持湿润的状态下，倒取适量水垢去除剂在海绵上，均匀地在车身上涂抹，然后来回擦拭，完成后用清水冲洗。

项目一 汽车清洁

☞ **活动六 联系用户**

负责接待的前台人员联系用户,提醒车主注意事项。

注意事项

(1)使用美容黏土之前,必须确保泥沙、灰尘等污渍已处理干净,以避免附着到黏土中,划伤车漆及缩短黏土使用寿命。

(2)使用黏土过程中,要经常清洗去污黏土,以延长黏土使用寿命。

☞ **活动七 交车**

交车前,接待人员再次检查车辆,确保车辆干净整洁后,将钥匙交还用户。

☞ **活动五 检查验收**

施工技师仔细检查,确保施工效果。

☞ **活动八 评价总结**

步骤一

自评;组内互评,记录员汇报施工过程中记录的问题,安全员汇报施工过程中存在的安全问题;小组总结,对于存在的问题提出整改意见。

步骤二

教师点评各小组在施工过程中不足之处,提出合理的改进意见。

任务五 发动机舱清洁

问题导入

护理汽车发动机舱的作用是什么?

答:发动机是整台汽车的核心。除发动机以外,发动机舱内还有蓄电池、发电机、起动机、空调压缩机、冷凝

31

器以及各种油液储存罐等众多部件。

汽车的运行环境复杂,发动机要不断向外散热,加之发动机舱的密闭问题始终没有得到根本解决,致使汽车在行驶过程中卷起的风沙尘土易从发动机下部钻入,飞落于发动机表面,同时发动机长时间在高温下工作,有时还会有漏油等现象发生,如果长时间不对发动机外部进行清洁护理,就会在发动机的表面形成厚厚的油泥性腐蚀物,使金属部件生锈、塑料部件老化、变形等。所以保持发动机外部清洁对于保障汽车正常运行十分重要。

清洗前的发动机舱

清洗后的发动机舱

任务流程

活动一 接车 → 活动二 填写施工单 → 活动三 施工前准备 → 活动四 施工 → 活动五 检查验收 → 活动六 联系用户 → 活动七 交车 → 活动八 评价总结

具体操作

☞ **活动一 接车**

步骤一

引导车辆进入指定工位,并等待用户下车,提醒用户保管好车内的物品,引导用户进入休息区。

步骤二

绕车一周,检查车身有无破损、剐蹭,玻璃、天窗是否关闭,若发现异常,及时向车主说明情况。

项目一　汽车清洁

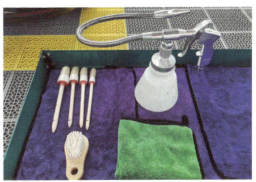

☞ **活动二　填写施工单**

根据施工单上内容认真填写服务项目、车辆信息、车牌号码,车主电话,记录车辆里程数、油表油量等信息。

场地准备:施工场地干净整洁、无杂物,洗车工具摆放整齐。

人员准备:穿戴整洁,不准佩戴手表、戒指等金属饰品,以防划伤车漆。

☞ **活动三　施工前准备**

工具准备:龙卷风吹尘枪、毛刷、毛巾、发动机外部清洗剂、发动机舱线束保护剂。

☞ **活动四　施工**

步骤一

清洁发动机舱前,应先将发动机熄火,使所有电器停止工作,待发动机舱温度降低后再进行施工。千万不可在发动机舱处于高温下清洗发动机舱。

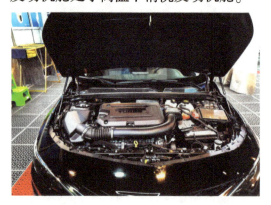

步骤二

注意遮蔽线路接头、熔断器、行车ECU等电器部位。

线路接头　熔断器　行车ECU

步骤三

使用龙卷风吹尘枪或压缩空气将发动机舱内浮尘吹净,注意前风窗玻璃下侧流水槽内的落叶、树枝等杂物也要及时清除。

步骤四

将发动机外部清洗剂均匀喷洒到需要清洁的部位。

步骤五

静置3~5min,等待油污溶解,使用专用毛刷清洗,然后用抹布将留在发动机上的泡沫擦净。对精密细致部位重点擦拭,等待晾干。缝隙处可借助压缩空气吹干。

项目一　汽车清洁

☞ **活动五　检查验收**

施工技师仔细检查,确保施工效果。

步骤六

喷涂发动机舱线束保护剂,它可以保持橡胶弹性,防止线路老化,并减少尘土附着的可能性。使用完成后用干净毛巾擦拭即可。

☞ **活动六　联系用户**

负责接待的前台人员联系用户,提醒车主注意事项。

☞ **活动七　交车**

交车前,接待人员再次检查车辆,确保车辆干净整洁后,将钥匙交还用户。

35

汽车装饰与美容

▶ 活动八　评价总结

步骤一

自评；组内互评，记录员汇报施工过程中记录的问题，安全员汇报施工过程中存在的安全问题；小组总结，对于存在的问题提出整改意见。

步骤二

教师点评各小组在施工过程中不足之处，提出合理的改进意见。

任务六　汽车空调清洗

问题导入

为什么打开空调后，有些汽车会有异味？

答：汽车的空调系统经过长时间使用，进风口、风道、风扇、蒸发器表面等地方会积聚灰尘和污物，这会导致空调风道内滋生霉菌。这时打开空调后，会明显感觉空调的制冷能力降低，而且还有刺鼻异味。如果我们长期待在一个满是霉菌的环境里，这会损害我们的身体健康，为了健康着想，定期清洗空调还是很有的必要的。

空调刚刚打开，吹出来的风还未制冷时会闻到一股异味、烟尘的气味等

人在车内，鼻腔、气管、肺部感到不适，或者伴有咳嗽、胸闷

任务流程

活动一 接车　活动二 填写施工单　活动三 施工前准备　活动四 施工　活动五 检查验收　活动六 联系用户　活动七 交车　活动八 评价总结

36

项目一 汽车清洁

> **具体操作**

☞ **活动一 接车**

步骤一

引导车辆进入指定工位,并等待用户下车,提醒用户保管好车内的物品,引导用户进入休息区。

步骤二

绕车一周,检查车辆是否存在异常,若发现问题,及时向车主说明情况。

☞ **活动二 填写施工单**

根据施工单上内容认真填写服务项目、车辆信息、车牌号码、车主电话,记录车辆里程数、油表油量等信息。

☞ **活动三 施工前准备**

材料准备:汽车空调清洁剂、除臭剂、空气清洗剂等。

场地准备:施工场地干净整洁、无杂物,洗车工具摆放整齐。

汽车装饰与美容

人员准备：穿戴整洁，不准佩戴手表、戒指等金属饰品，以防划伤车漆。

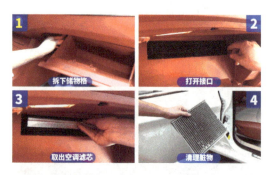

活动四 施工

步骤一

起动车辆，让车辆处于怠速状态，打开车窗，找到车内空调滤芯并取下（若滤芯过脏，直接换用新滤芯）。将空调风量到最大挡位，开启外循环，关闭AC（制冷）开关。

每台车的空调滤芯位置不同，大部分车型都会在副驾驶储物格内部，而仅有小部分车型则在发动机舱内。

步骤二

将空调清洗剂附属的导管紧紧接入喷嘴，充分摇匀，注意按下阀门时，确保接气口处无漏气，找出空调进气口吸力最大的位置（可用手或废报纸测试，不同车型位置也有所不同）。深入进风口，充分注入空调清洗剂后（约需要 2 min）。空调清洗剂所采用的原液形状为泡沫状，安全环保，对人体皮肤无伤害（若不慎入眼，需及时冲洗）。

项目一　汽车清洁

清洗后，车辆底部会流出呈浑浊状的废液。

步骤四

清洗完空调管道之后，再对车内空调进行杀菌除臭。操作方法非常简单，具体步骤是将空调专用杀菌除臭剂安装上喷管后，充分摇匀，喷到空调出风口处即可。

步骤三

清洁完后，继续怠速10～15min，最后关闭空调和发动机。如果是长期没有清洗过车内空调的车辆，在经过

步骤五

完成车内杀菌后，车内有些部位还是会残留一些异味，这时使用套装内的异味去除剂，喷洒即可。

39

汽车装饰与美容

做完前四步,汽车的空调清洗过程算是全部完成了,正常情况下,一年清洗2次为最佳频率。

☞ **活动五　检查验收**

施工技师仔细检查,确保施工效果。

☞ **活动六　联系用户**

负责接待的前台人员联系用户,提醒车主注意事项。

☞ **活动七　交车**

交车前,接待人员再次检查车辆,确保车辆干净整洁后,将钥匙交还用户。

☞ **活动八　评价总结**

步骤一

自评;组内互评,记录员汇报施工过程中记录的问题,安全员汇报施工过程中存在的安全问题;小组总结,对于存在的问题提出整改意见。

步骤二

教师点评各小组在施工过程中不足之处,提出合理的改进意见。

任务七　轮胎轮毂清洁养护

> **问题导入**

为什么轮胎轮毂清洁养护很有必要?

答:

(1)汽车安全行驶的需要。

据不完全统计,发生在高速公路的交通事故中,爆胎为主要原因的占70%以上。爆胎会给生命和财产造成严重的损失,且轮胎故障被认为是高速公路的头号杀手。如果轮胎维护得当,便可降低行车危险。

(2)节省行车维护费用。

轮胎是易损件,日常使用过程中橡胶极易老化、变硬,失去原有的弹性及耐磨性。在一辆汽车的使用过程中,更换轮胎的费用占维护费用的20%左右。

综上所述,为了确保行车安全、延长汽车使用寿命、降低汽车维护费用,对轮胎日常的清洁养护美容是不可忽视的。

任务流程

活动一 接车 → 活动二 填写施工单 → 活动三 施工前准备 → 活动四 施工 → 活动五 检查验收 → 活动六 联系用户 → 活动七 交车 → 活动八 评价总结

具体操作

☞ **活动一　接车**

步骤一

引导车辆进入指定工位,并等待用户下车,提醒用户保管好车内的物品,引导用户进入休息区。

步骤二

绕车一周,检查车身有无破损、剐蹭,轮胎轮毂有无损伤,若发现异常,及时向车主说明情况。

☞ **活动二　填写施工单**

根据施工单上内容认真填写服

务项目、车辆信息、车牌号码,车主电话,记录车辆里程数、油表油量等信息。

☞ **活动三　施工前准备**

工具准备:轮胎刷、轮毂刷、轮毂清洗剂、轮胎蜡(轮胎上光保护剂)。

场地准备:施工场地干净整洁、无杂物,洗车工具摆放整齐。

人员准备:穿戴整洁,不准佩戴手表、戒指等金属饰品,以防划伤车漆。

☞ **活动四　施工**

步骤一

用高压清水冲掉轮弧内侧及轮胎表面泥沙。

项目一　汽车清洁

步骤二

在其表面均匀喷洒轮胎轮毂专用清洁剂,配合专用毛刷进行刷洗。对于轮毂螺丝孔或制动盘等空间狭小的地方使用长柄毛刷清洗。清洁时,需边刷边用低压清水冲洗(特别注意轮辐上边缘)。

步骤三

刷洗完成后,晾干轮胎表面多余水分。对轮胎进行上光护理,将轮胎蜡(上光剂)均匀涂抹到轮胎侧面,自然晾干即可。

注意事项

轮胎上光一定要等轮毂清洗完成后再施工,施工时尽量保持轮胎处于干燥的状态,否则会影响效果。

☞ **活动五　检查验收**

施工技师仔细检查,确保施工效果。

☞ **活动六　联系用户**

负责接待的前台人员,联系用户,提醒车主注意事项。

☞ **活动七　交车**

交车前,接待人员再次检查车辆,确保车辆干净整洁后,将钥匙交还用户。

☞ **活动八　评价总结**

步骤一

自评;组内互评,记录员汇报施工过程中记录的问题,安全员汇报施工过程中存在的安全问题;小组总结,对于存在的问题提出整改意见。

步骤二

教师点评各小组在施工过程中不足之处,提出合理的改进意见。

项目二　汽车漆面养护

任务一　漆面打蜡护理

问题导入

汽车上蜡护理的作用有哪些？
答：
(1)防水作用。

汽车经常暴露在空气中，免不了受风吹雨淋。若水滴存留在车身表面，并在天气转晴后强烈阳光照射下，每个小水滴就是一个凸透镜，在它的聚焦作用下，焦点处温度达 800～1000℃，造成漆面暗斑，极大影响了漆面的质量及使用寿命。另外，水滴易使暴露金属表面产生锈蚀。

(2)抗高温作用。

车蜡可对来自不同方向的入射光产生有效反射，防止入射光使面漆老化变色，实现抗高温的作用。

(3)防紫外线作用。

车蜡防紫外线作用与抗高温作用是并行的，只不过在日光中，由于紫外线的特性决定了紫外光较易于折射进入漆面。防紫外线车蜡充分地考虑了紫外线的特性，使其对车表的侵害得以最大限度的降低。

(4)防静电作用。

汽车静电的产生主要是由于汽车在行驶过程中，空气中的尘埃与车身金属表面相互摩擦产生的。车蜡防静电作用原理是隔断尘埃与车表金属摩擦。

(5)防氧化作用。

汽车在使用过程中，若车漆维护不当会出现氧化层，车蜡的防氧化作用主要体现在隔断空气与漆面的接触，从而达到抗氧化作用。

(6)增光增艳。

上光是车蜡最基本的作用之一。经过打蜡，能改善车辆表面的光亮程度，使车身恢复亮丽本色。

(7)研磨抛光作用。

当漆面出现浅划痕时，可使用研

汽车装饰与美容

磨抛光车蜡对漆面进行修复。

任务流程

活动一 接车 → 活动二 填写施工单 → 活动三 施工前准备 → 活动四 施工 → 活动五 检查验收 → 活动六 联系用户 → 活动七 交车 → 活动八 评价总结

具体操作

☞ *活动一 接车*

步骤一

引导车辆进入指定工位,等待用户下车,提醒用户保管好车内的物品,引导用户进入休息区。

步骤二

绕车一周,检查车身有无破损、剐蹭,玻璃、天窗是否关闭,若发现异常,及时向车主说明情况。

☞ *活动二 填写施工单*

根据施工单上内容认真填写服务项目、车辆信息、车牌号码、车主电话,记录车辆里程数、油表油量等信息。

项目二　汽车漆面养护

人员准备：穿戴整洁，不准佩戴手表、戒指等金属饰品，以防划伤车漆。

☞ 活动三　施工前准备

工具准备：漆面上光养护蜡、干净毛巾、打蜡海绵、气动打蜡机。

☞ 活动四　施工

步骤一

汽车清洗：为了保证打蜡效果，打蜡前对车辆必须进行彻底清洗，如果车身漆面存在顽固污垢，须进行全车去污（详细步骤可参考漆面深度清洁）。

场地准备：施工场地干净整洁、无杂物，工具摆放整齐。

47

步骤二

涂抹上蜡：上蜡可分为手工上蜡和机械上蜡两种，手工上蜡简单易行，机械上蜡效率高。无论是手工还是机械上蜡，都要保证车蜡涂抹均匀。

步骤三

清除浮蜡：根据不同车蜡的说明，一般涂抹后3~5min（具体干燥时间根据周围环境温度而定）即可进行擦拭。通常使用干净柔软毛巾或超细纤维布适当用力，往复直线擦拭，直到车漆出现镜面效果即可。

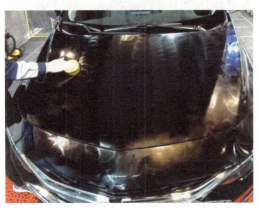

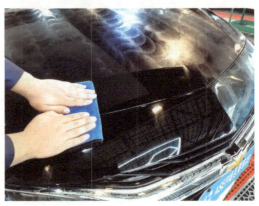

（1）手工上蜡。首先用打蜡海绵蘸取适量的车蜡，然后按一定顺序划圈涂抹，每道涂抹应与上道涂抹区域重合1/5~1/4，防止漏涂。

（2）机械上蜡（电动/气动）。将车蜡涂在打蜡机海绵上，具体施工过程和手工相似，值得注意的是车身边角、棱线处的涂抹应避免超出漆面。

项目二 汽车漆面养护

注意事项

（1）为保证施工质量，打蜡应在无尘车间内进行。

（2）保证施工环境温度适中，车表温度过高会影响车蜡的附着力。

（3）打蜡前，要对非施工区进行防护，如橡胶件、塑料件都是不需涂抹的非施工区，注意要用纸胶带粘好，以防止车蜡涂在上面，干燥后不易被清除。

（4）打蜡时，海绵运行路线应该划圈进行，使其更均匀地施涂于漆面同时保证和漆面的贴合。

（5）打蜡时应遵循先上后下的原则，即先涂抹车顶——机盖——车身侧面等。

（6）打蜡时，若海绵上出现与车漆相同的颜色，可能是漆面已经破损，应立即停止打蜡，进行修补处理。

（7）擦拭结束后，要仔细检查，确保车身边缝处无残存车蜡，以免影响美观。

（8）要掌握好打蜡的频率，由于汽车行驶及停放环境不同，打蜡时间间隔也不同，正常的打蜡周期大概为15～30天。

活动五 检查验收

施工技师仔细检查，确保施工效果。

活动六 联系用户

负责接待的前台人员联系用户，提醒车主注意事项。

活动七 交车

交车前，接待人员再次检查车辆，确保车辆干净整洁后，将钥匙交还用户。

活动八 评价总结

步骤一

自评；组内互评，记录员汇报施工过程中记录的问题，安全员汇报施工过程中存在的安全问题；小组总结，对于存在的问题提出整改意见。

步骤二

教师点评各小组在施工过程中不足之处，提出合理改进意见。

任务二 漆面抛光

问题导入

根据漆面划伤的不同程度,漆面划痕可分为哪四种?

答:

(1)发丝划痕:由于洗车擦车或轻微摩擦而产生的细划痕,一般手摸无感觉,在光源充足的条件下可以看到。

(2)浅度划痕:清漆被破坏,未伤及色漆的划痕为浅度划痕。

(3)中度划痕:色漆被破坏,未伤及底漆的划痕为中度划痕。

(4)深度划痕:底漆被破坏,漏出金属车身的划痕为深度划痕。

下面以浅度划痕(800#－1500#砂纸痕)为例介绍漆面抛光施工流程。

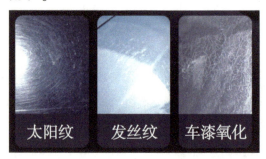

任务流程

活动一 接车 → 活动二 填写施工单 → 活动三 施工前准备 → 活动四 施工 → 活动五 检查验收 → 活动六 联系用户 → 活动七 交车 → 活动八 评价总结

具体操作

☞ **活动一 接车**

步骤一

引导车辆进入指定工位,并等待用户下车,提醒用户保管好车内的物品,引导用户进入休息区。

项目二 汽车漆面养护

步骤二

绕车一周,检查车身有无破损、剐蹭,玻璃、天窗是否关闭,发现异常及时向车主说明情况。

☞ **活动二　填写施工单**

根据施工单上内容认真填写服务项目、车辆信息、车牌号码、车主电话,记录车辆里程数、油表油量等信息。

☞ **活动三　施工前准备**

工具准备:抛光机、羊毛盘、海绵盘、遮蔽膜、水砂纸、研磨剂、抛光剂、镜面处理剂。

场地准备:施工场地干净整洁、无杂物,工具摆放整齐。

人员准备:穿戴整洁,不准佩戴手表、戒指等金属饰品,以防划伤车漆。

☞ **活动四　施工**

步骤一

全车清洗:抛光前需进行全车清洗。具体施工方法参考课题一项目二精致洗车流程。

汽车装饰与美容

步骤二

遮蔽保护:将车身非施工区域进行遮蔽保护,注意对车身边角、棱线处遮蔽。

步骤三

水砂处理:若漆面粗糙、失光严重,出现严重氧化层时需要使用2000#水砂纸进行漆面打磨。此方法可以快速去除上述问题,注意打磨要均匀。处理过后的漆面呈哑光状态。

质量标准:漆面上无深层污垢,无氧化层、划痕等缺陷。

步骤四

抛光:将抛光蜡均匀涂抹在羊毛盘上,单次抛光面积在 30cm×30cm 宽范围内为宜,抛光机转速控制为 1500~2000r/min。初期以适中的压力压住抛光盘匀速抛光,并观察漆面,待砂纸痕消除后放松压力将蜡痕抛开,此过程恢复漆面一定的光泽。

抛光后应使用超细纤维布擦拭干净漆面残留的粉尘。抛光的目的是进一步平整漆面,使漆面光泽度自然呈现。

质量标准:漆面呈现部分光泽,恢复漆面平整度和初始光泽。

项目二　汽车漆面养护

步骤五

镜面还原：更换柔软海绵盘，配合镜面处理剂进一步对漆面进行镜面还原处理。

质量标准：出现镜面效果，光泽度比抛光前得到大幅度改善，倒影清晰可见。

注意事项

（1）抛光时必须坚持"宁可慢、不可快、宁轻、勿重"的原则，避免抛露车漆。

（2）为了确定使用研磨剂的种类，需对漆面问题进行判断。在不明显处的小块面积使用研磨剂。研磨剂优先选用轻度研磨剂，如果漆面缺陷较严重，考虑选用中度或重度研磨剂。

（3）把抛光机线束背在身后，以免缠线。

（4）漆面抛光前，先用洗车泥擦拭，去除油漆表面附着的表层颗粒和污染物。

（5）打开发动机舱盖时，用大毛巾或者是遮蔽膜盖住前风窗玻璃，避免抛光蜡沾在玻璃密封条与刮水器上难以擦除。

（6）抛光蜡均匀涂在羊毛盘或海绵盘上，防止飞溅、浪费材料。

（7）使用完毕后正确放置机器，两手柄支地，毛轮朝上。

☞ **活动五　检查验收**

施工技师仔细检查，确保施工效果。

☞ **活动六 联系用户**

负责接待的前台人员联系用户，提醒车主注意事项。

☞ **活动七 交车**

交车前，接待人员再次检查车辆，确保车辆干净整洁后，将钥匙交还用户。

☞ **活动八 评价总结**

步骤一

自评；组内互评，记录员汇报施工过程中记录的问题，安全员汇报施工过程中存在的安全问题；小组总结，对于存在的问题提出整改意见。

步骤二

教师点评各小组在施工过程中不足之处，提出合理的改进意见。

任务三 漆面封釉

> **问题导入**

什么叫汽车漆面封釉？

答：顾名思义，封釉美容就是经过多道工序处理以后，在车漆表面形成一层类似"唐三彩"等陶器制品外表涂层的保护膜，具有隔紫外线、防氧化、抵御高温和酸雨的功能。

项目二 汽车漆面养护

任务流程

活动一 接车 → 活动二 填写施工单 → 活动三 施工前准备 → 活动四 施工 → 活动五 检查验收 → 活动六 联系用户 → 活动七 交车 → 活动八 评价总结

具体操作

☞ **活动一 接车**

步骤一

引导车辆进入指定工位,并等待用户下车,提醒用户保管好车内的物品,引导用户进入休息区。

步骤二

绕车一周,检查车身有无破损、剐蹭,玻璃、天窗是否关闭,若发现异常,及时向车主说明情况。

☞ **活动二 填写施工单**

根据施工单上内容认真填写服务项目、车辆信息、车牌号码,车主电话,记录车辆里程数、油表油量等信息。

☞ **活动三 施工前准备**

工具准备:封釉(振抛)机、晶亮

55

汽车装饰与美容

釉、柔软洁净毛巾、美纹纸胶带。

场地准备：无尘车间干净整洁、无杂物，工具摆放整齐。

人员准备：穿戴整洁，不准佩戴手表、戒指等金属饰品，以防划伤车漆。

☞ **活动四　施工**

步骤一

汽车清洗：将施工车辆彻底清洗干净。参考课题一项目二精致洗车流程。

步骤二

深度清洁：使用美容黏土，配合专用润滑剂对漆面进行深度清洁。参考课题一项目三漆面深度清洁流程。

步骤三

漆面抛光：使用抛光机配以专用抛光剂，去除漆面细微划痕及氧化层。参考课题二项目三漆面抛光流程。

项目二　汽车漆面养护

步骤四

振抛封釉：使用前，将晶亮釉充分摇匀，少量多次倒在封釉机海绵上，以30cm×30cm区域为宜进行施工。在封釉机的旋转挤压下，晶亮釉牢牢附着在车漆表面，形成网状保护层。晶亮釉中富含UV紫外线防护剂，可以大大降低日晒辐射，并可抵御酸碱等化学成分的侵蚀。

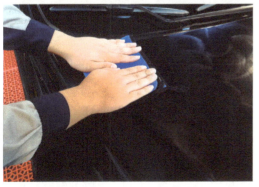

封釉机运行轨迹应保持直线，并往复，两道轨迹之间有1/4～1/3重叠，防止遗漏。施工过程中，应保持无尘车间内温度恒定，不可在高温下进行。

步骤五

清除浮釉：15～20min，待晶亮釉干燥后，使用柔软洁净的毛巾清除残留浮釉，晶亮釉效果立即呈现，车漆如镜面般光亮。

质量标准：手感极度光滑，倒影清晰可见。

☞ **活动五　检查验收**

施工技师进行仔细检查，确保施工效果。

☞ **活动六　联系用户**

负责接待的前台人员联系用户，提醒车主封釉后8h内不可洗车。因为在这段时间内，釉层还未完全凝结。

活动七 交车

交车前,接待人员再次检查车辆,确保车辆干净整洁后,将钥匙交还用户。

活动八 评价总结

步骤一

自评;组内互评,记录员汇报施工过程中记录的问题,安全员汇报施工过程中存在的安全问题;小组总结,对于存在的问题提出整改意见。

步骤二

教师点评各小组在施工过程中不足之处,提出合理的改进意见。

任务四 漆面镀膜、镀晶

问题导入

打蜡和镀膜、镀晶有什么区别?

答:汽车漆面美容养护可分为"养"和"护"两大类。打蜡和镀膜、镀晶是两个不同的概念,打蜡注重"养",镀膜、镀晶注重"护"。镀膜、镀晶是同一类产品,简单地说,镀晶是镀膜的升级版,镀晶类产品的抗划痕能力、光泽度、持久性都要优于镀膜类产品。

镀膜与镀晶施工流程大致相同。

项目二　汽车漆面养护

未镀膜效果

已镀膜效果

任务流程

活动一 接车 → 活动二 填写施工单 → 活动三 施工前准备 → 活动四 施工 → 活动五 检查验收 → 活动六 联系用户 → 活动七 交车 → 活动八 评价总结

具体操作

☞ **活动一　接车**

步骤一

引导车辆进入指定工位，并等待用户下车，提醒用户保管好车内的物品，引导用户进入休息区。

步骤二

绕车一周，检查车身有无破损、剐蹭，玻璃、天窗是否关闭，若发现异常，及时向车主说明情况。

☞ **活动二　填写施工单**

根据施工单上内容认真填写服务项目、车辆信息、车牌号码、车主电话,记录车辆里程数、油表油量等信息。

☞ **活动三　施工前准备**

工具准备:镀晶产品(套装)、脱脂剂(镀晶专用清洁剂)、柔软洁净毛巾、美纹纸胶带等。

场地准备:无尘车间干净整洁、无杂物,工具摆放整齐。

人员准备:穿戴整洁,不准佩戴手表、戒指等金属饰品,以防划伤车漆。

☞ **活动四　施工**

以镀晶为例,镀膜与镀晶施工流程类似。

步骤一

镀晶前处理:

(1)将施工车辆彻底清洗干净。

(2)使用美容黏土配合专用润滑剂对漆面进行深度清洁漆面抛光。

(3)使用抛光机配以专用抛光剂,去除漆面细微划痕及氧化层。

(4)去除抛光留下的污渍与粉尘,尤其是边缝处需重点清洁。

步骤二

脱脂清洁:用专用脱脂剂对漆面进行脱脂处理,确保漆面干净无油污。

项目二 汽车漆面养护

步骤四

毛巾擦亮：5~10min后，用柔软洁净的毛巾把多余的镀晶液擦掉，直至车漆出现镜面效果。为了保证施工效果，可多次叠加施工。

☞ **活动五 检查验收**

施工技师仔细检查，确保施工效果。

步骤三

涂抹镀晶：使用前，将镀晶产品充分摇匀，涂在专用镀晶毛巾上。然后沿直线方向擦拭。每次以30cm×30cm区域施工。镀晶需分块施工，切勿一次性涂抹完全车后才进行擦拭。

镀晶须保持漆面清洁干净、干燥，涂抹时不要让阳光直射，漆面温度不要超过40℃。

☞ **活动六 联系用户**

负责接待的前台人员联系用户，提醒车主镀晶后2h内不可触碰漆面，24h内不要接触到水或被雨淋，一周内不要洗车，半年时间左右到店维护一次。

汽车装饰与美容

☞ *活动七 交车*

交车前,接待人员再次检查车辆,确保车辆干净整洁后,将钥匙交还用户。

☞ *活动八 评价总结*

步骤一

自评;组内互评,记录员汇报施工过程中记录的问题,安全员汇报施工过程中存在的安全问题;小组总结,对于存在的问题提出整改意见。

步骤二

教师点评各小组在施工过程中不足之处,提出合理的改进意见。

项目三　汽车装饰

任务一　防爆太阳膜装贴

问题导入

给汽车贴太阳膜的目的有哪些？
答：

（1）隔热：炎炎夏日，通过装贴太阳膜可以抵挡一部分热量，从而降低车内温度，提高驾乘舒适性。

（2）阻隔紫外线：强烈的紫外线会加速汽车内饰老化、褪色，玻璃贴膜能够很大程度上阻挡紫外线对人体及内饰部件的侵害。

（3）防眩光：强光下行驶或不文明会车时，远光灯产生的眩光会使驾驶人产生幻觉，严重者还会出现短暂的失明。玻璃贴膜可以减少眩光，从而最大限度地保证行车安全。

（4）降低能耗提高燃油经济性：夏季车内温度高，为了降温会增加空调的运行负荷，加大能源消耗，通过装贴太阳膜可以抵挡一部分热量，从而达到减少能源消耗的目的。

（5）安全防护：在汽车受到外力撞击时，破碎的玻璃会对车内人员形成二次伤害，通过张贴防爆太阳膜将撞碎的玻璃黏接在一起，可以很大程度上防止碎玻璃对人体的伤害，从而提高行车安全。

（6）保护隐私：太阳膜具有单向透视性，可以很大程度上保护了车内人员的隐私。

（7）增添美感：有些年轻的车主比较个性，色彩鲜艳的车膜可以给爱车增添美感。

汽车装饰与美容

任务流程

| 活动一 接车 | 活动二 填写施工单 | 活动三 施工前准备 | 活动四 施工 | 活动五 检查验收 | 活动六 联系用户 | 活动七 交车 | 活动八 评价总结 |

具体操作

☞ **活动一 接车**

步骤一

引导车辆进入指定工位,并等待用户下车,提醒用户保管好车内的物品,引导用户进入休息区。

步骤二

绕车一周,检查车身有无破损、剐蹭,玻璃、天窗是否关闭,若发现异常,及时向车主说明情况。

☞ **活动二 填写施工单**

根据施工单上内容认真填写服务项目、车辆信息、车牌号码、车主电话,记录车辆里程数、油表油量等信息。

☞ **活动三 施工前准备**

步骤一

验车:主要是对影响贴膜施工相关部件的检查。比如车辆前风窗玻璃的年检、审车标志是否去除;车窗玻璃升降器是否正常工作;玻璃有无破损等。

步骤三

内饰保护:在贴膜过程中稍不注意,清洗玻璃的溶剂就会渗进汽车电器内部,从而导致开关失灵甚至局部短路,所以必须仔细做好对车辆外露电器开关和音箱的保护。方法是将干燥的大毛巾遮盖在仪表板上;遮蔽纸包裹住内饰门板;车内真皮座椅和高级座套也需用专用座椅套全部遮盖。

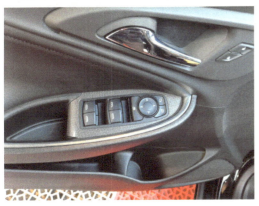

步骤二

洗车:对施工车辆进行全方位清洗,特别注意对汽车玻璃表面进行清洁。遇到胶渍时,通常配合使用专用清洁剂清除。另外还要注意对玻璃橡胶压条缝隙处进行清洁。

步骤四

选膜:在选定品牌的前提下,可根据车主喜好进行颜色的选择(为保证行车安全,选择前风窗玻璃膜要达到70%以上透光率)。在选膜的同时还要兼顾车身颜色,这样可提升车辆贴膜后的整体效果。

步骤五

工具准备:热风枪、喷壶、无纺布毛巾、美工刀、贴膜液、软/硬刮板、钢刮板等工具。

场地准备:为保证贴膜质量,施工要在无尘车间内进行。

人员准备:穿戴整洁,不准佩戴手表、戒指等金属饰品,以防划伤车漆。

☞ 活动四 施工

一、车窗玻璃贴膜

步骤一

下料:把车窗玻璃清洗干净,铺上事先准备好的覆膜,用手把覆膜赶平,使其与玻璃之间没有明显气泡;沿着玻璃四周把膜裁好(注意不要裁到胶条)。注意打样板要精确。按照样板下料裁膜,根据胶条边缘裁切,上边预留 3~5cm。

步骤二

清洗玻璃：检查窗框密封条是胶边还是绒毛边，如果是毛边（大众车）需要用透明胶带粘好。清洗玻璃时，向玻璃喷水，用刮板清洁玻璃内外两侧，边缘胶条部分重点清洁，如果是旧车要多清洗几次。

步骤三

定型：把膜平铺在车窗玻璃上（要分清膜的正反面及裁切方向）。以竖裁为例，把上边和两侧用刮板固定，下边用烤枪烤平。烤完后将膜的左右和下边对齐，下边根据胶条深浅留边，用刮板固定，下降车窗玻璃3~5cm，沿玻璃上沿把膜裁齐，修正膜四周尖角，方便塞边。

步骤四

揭膜：洗干净双手后，先用喷壶向空中喷水降尘，5s后，用嘴咬住膜的一端，一只手拉住膜的另一端，另外一只手揭开保护膜，把保护膜撕到大约整张膜的3/4处，往膜上喷水。

步骤五

上膜:两只手拿着膜的上边,先将膜的一角与车玻璃的一角对齐贴好,再把膜的另一边上角用同样的方法贴在玻璃上,内弯(防止灰尘脏点进入)对位,膜距离玻璃上缘2~3mm,两边不能漏光。用软刮把上边赶平,然后固定两个上角;抬起膜的下端升上玻璃,用喷壶把下边冲洗干净,撕下保护膜喷水,把膜塞进下侧胶条内,用手把膜捋平(可以借助钢刮板塞边)。

步骤六

赶水:膜上喷少量水(贴膜液),用软刮板把膜刮平,喷水,贴上覆膜(保护膜),用牛筋刮板从中间向两边刮水,两道刮水痕迹中间覆盖1/2,确保把水刮净,下边完成后,降下玻璃3~5cm,再将上边缘的水赶净即可。用毛巾将边缘水分吸干或用烤枪把水分吹干,升上玻璃。检查整块玻璃,确保膜内无水,其余玻璃依照此方法施工。

二、前后风窗玻璃贴膜

步骤一

下料:前风窗玻璃膜应选择透光率为70%以上的太阳膜,测量玻璃尺寸(四周多预留3~5cm),注意膜收缩方向性(膜长边有收缩性,而宽边没有)。

以竖裁竖烤方式为例进行施工：玻璃的高度对应膜的宽边,玻璃的宽度对应膜的长边进行裁切。

步骤二

清洗玻璃：玻璃表面喷上适量的水(清洗液),配合使用软刮板彻底将玻璃内外两侧清洗干净。

步骤三

粗裁：用牙咬开膜的边角,分清正反面。有保护膜的一面朝上,均衡地铺在玻璃上,打湿毛巾一角,拉水线固定膜片,裁掉多余的部分(以玻璃黑边为准)。

竖裁,竖烤,采用"H"定位法；横裁,横烤,采用"工"字定位法。

步骤四

定型：热风枪的常用温度为350～400℃。新手使用时,需注意热风枪温度不宜过高,以防止烤焦膜。前后风窗玻璃定型方法大致相同,后风窗玻璃易于前风窗玻璃。

目前常用的定型方法：干烤、湿烤、干湿结合、拉伸烤、灌封烤等。

干烤只需要打湿玻璃的中心和两侧以起到固定膜片的作用,膜的伸缩空间较大,施工相对简单；湿烤在加热的过程中只是利用很小的一部分的空间让膜伸缩,因此湿烤比较困难。湿烤的优势在于其可让膜一次成型,而干烤完成后需要进行湿烤检查,以确保定型效果。

特别注意：烤热的玻璃不能直接喷水,以防止玻璃炸裂。

步骤五

精裁：待膜面与玻璃完全贴合后,采用垫片裁膜的方法按玻璃的边线

(小黑点)进行精裁,后视镜和高位制动灯要留出位置。

步骤六

揭膜:先用喷壶向空中喷水降尘,5s后,揭开保护膜大约整张膜的1/2处,膜面喷水,然后合上保护膜,同样的方法揭开另外一侧,喷水,合上。将膜卷成筒状拿到车内进行下一步施工。

步骤七

上膜赶水:用大毛巾遮盖仪表板。车内喷雾降尘,揭开保护膜,双手托住,将膜贴到已经清洗好的玻璃上(由于前风窗玻璃膜的面积较大,为减小难度,可采用双人上膜),将清水喷在膜的表面,贴上保护膜,用专用挤水刮板从中间往两边刮水(刮水时覆盖1/2区域)。

后风窗玻璃的贴膜施工方法与前风窗玻璃一致,但需注意后风窗玻璃有电加热丝。

☞ **活动五 检查验收**

施工技师仔细检查:确保膜面平整无划痕、折痕,无灰尘、脏点、气泡;膜面与玻璃完全贴合,边缘平齐无毛边,无凸起。然后将玻璃升降开关用

项目三 汽车装饰

美纹纸胶带遮蔽,并让店长进行二次检查,确保施工效果。

☞ **活动六 联系用户**

负责接待的前台人员联系用户,提醒车主三天内不可升降玻璃,空调不可直吹前风窗玻璃,后风窗玻璃不可开启电加热。

☞ **活动七 交车**

交车前,将车辆再次清洗,确保车辆干净整洁、无贴膜留下的残留物后,将钥匙交还用户。

☞ **活动八 评价总结**

步骤一

自评;组内互评,记录员汇报施工过程中记录的问题,安全员汇报施工过程中存在的安全问题;小组总结,对于存在的问题提出整改意见。

步骤二

教师点评各小组在施工过程中不足之处,提出合理的改进意见。

任务二 隐形车衣装贴

> **问题导入**

隐形车衣有何作用?

答:隐形车衣俗称漆面保护膜。高档隐形车衣(TPU 材质)具有超强的韧性和耐磨性,可以抵御轻微剐蹭,同时其含抗 UV 聚合物,耐黄变,装贴后可使汽车漆面与空气隔绝,防酸雨、防氧化、持久保护漆面,增加车漆亮度,提高观赏性,除此之外,其还具有养护便捷,减少洗车打蜡抛光工时及费用等作用。

71

汽车装饰与美容

任务流程

活动一 接车 → 活动二 填写施工单 → 活动三 施工前准备 → 活动四 施工 → 活动五 检查验收 → 活动六 联系用户 → 活动七 交车 → 活动八 评价总结

具体操作

☞ **活动一　接车**

步骤一

引导车辆进入指定工位，并等待用户下车，提醒用户保管好车内的物品，引导用户进入休息区。

步骤二

绕车一周，检查车身有无破损、剐蹭，玻璃、天窗是否关闭，若发现异常，及时向车主说明情况。

☞ **活动二　填写施工单**

根据施工单上内容，认真填写服

务项目、车辆信息、车牌号码、车主电话,记录车辆里程数、油表油量等信息。确认施工车辆是否有补漆(重新喷漆的车辆在施工时存在掉漆的风险),非专车专用膜施工前,需要拆卸门把手、字标、车身装饰条,特殊车型需要拆卸前照灯组等部件。以上内容需提前告知车主,待车主确认签字后方可进行施工。

☞ **活动三　施工前准备**

步骤一

全车清洗:对施工车辆进行全方位清洗,特别注意边缝处位置使用毛刷重点清洗;用美容黏土对漆面进行深度清洁,使用压缩空气机将缝隙吹干,保证边角干净,无异物流出;漆面清洁完毕后,使用专用软刮进行漆面检查,保证漆面无凸起、颗粒等。

汽车装饰与美容

步骤二

整车精洗干净后，检查漆面划痕和损伤，对于损伤的漆面，需修复后，才能进行施工。

步骤三

工具准备：隐形车衣专用牛筋刮板、美工刀、喷壶、数显热风枪、专用安装液、润滑液（或婴儿沐浴露）。

场地准备：封闭的无尘车间内施工，贴膜前做降尘处理，施工车间内保证空气的相对湿度，过于干燥的环境会影响膜的收缩率，膜面易带静电附吸杂物。恒温恒湿环境最佳（温度控制在20～25℃为宜。高温会加剧水分蒸发，低温会使膜面硬化，皆增加施工难度）。

人员准备：穿戴整洁，不准佩戴手表、戒指等金属饰品，以防划伤车漆。

☞ **活动四　施工**

步骤一

裁膜：分为专车专用和手工裁膜，高端品牌隐形车衣一般都是采用专车专用，根据车辆品牌、车型、生产年份等信息利用机器精准裁膜。

手工裁膜方法：前后翼子板（包括A柱和C柱）、前后车门等区域需要覆膜打版下料；发动机舱盖、行李舱盖、车顶以及前后保险杠需用卷尺测量后直接裁膜下料。

专车专用特点：节省膜料、无需拆字标、施工时间短，但部分部位不能包边。

手工裁膜特点：预留可根据实际情况适当增加，包边简单，但比较费膜料，易划伤车漆，需要拆除车辆车标，施工时间长。

步骤二

上膜：在施工表面喷洒安装液，把背胶保护膜撕掉，然后把膜放在相应的粘贴部位。

施工中，面积较大的地方需要至少3人配合：2人固定膜面，1人喷涂安装液。面积较小的地方由1人或2人即可完成。低端车衣膜偏硬，为了方便施工，装贴时需要使用专用蒸汽机加热软化膜面。

项目三 汽车装饰

步骤三

刮水：在赶水之前，用手轻轻抚摸膜表面，让安装液充分覆盖到膜的每一块区域，使膜看起来没有大的气泡为最佳。在膜上喷洒润滑液，保证刮板与膜面的润滑。刮水痕迹时压1/2为宜，注意避免水回流造成水泡。注意刮板的力度，并保持均匀，方向是从中间往四边刮水，每一次刮水都应及时检查是否出现问题。

刮水完成后，用毛巾擦干膜表面的水分，在水分没有蒸发完之前，检查好安装是否合格，如发现问题需及时修整。

步骤四

收边：装贴完成手工裁切的车衣后需进行精裁，包边的位置用清水把多余的安装液冲洗干净，确认膜边在无水情况下用热风枪加热，将膜边进行包边粘贴，热风枪温度控制在280℃左右，施工完成后保证完全贴合，无水泡、气泡。

75

☞ **活动五　检查验收**

施工技师仔细检查：确保膜面平整无划痕、折痕，无灰尘、脏点、气泡；膜面与车身完全贴合边缘平齐无毛边，无凸起。店长进行二次检查，确保施工效果。

装贴完3天后再复查一次整车，以达到最佳效果。

☞ **活动六　联系用户**

负责接待的前台人员联系用户，并告知以下注意事项。

（1）装贴完汽车漆面保护膜后，最好不要马上洗车，切忌用高压水枪对着膜与车漆接缝处直接喷射，以免水分未干造成翘边，装贴后用湿毛巾、海绵或者柔软布料擦拭膜面。

（2）当膜面出现污渍时，禁用化学溶剂擦拭，可使用清洁的湿毛巾或棉布擦洗即可。

（3）施工完毕3至7天后，再次进店进行一次边角检查，确保没有问题。

☞ **活动七　交车**

交车前，由店长再次检查车辆，确保车辆干净整洁、无贴膜留下的残留物后，将钥匙交还用户。

☞ **活动八　评价总结**

步骤一

自评；组内互评，记录员汇报施工过程中记录的问题，安全员汇报施工过程中存在的安全问题；小组总结，对存在的问题提出整改意见。

步骤二

教师点评在各小组施工过程中存在的不足之处，提出合理的改进意见。

任务三　车身改色

问题导入

车身改色有何作用？

答：车身改色已经成为年轻车主个性定制的一个必选项目。经过改色后的爱车可以彰显车主们特立独行的性格，提高观赏性；优质的改色膜还可以保护原厂车漆，抵御外部环境对车漆的损伤。

项目三 汽车装饰

任务流程

活动一 接车 → 活动二 填写施工单 → 活动三 施工前准备 → 活动四 施工 → 活动五 检查验收 → 活动六 联系用户 → 活动七 交车 → 活动八 评价总结

具体操作

☞ 活动一 接车

步骤一

引导车辆进入指定工位,并等待用户下车,提醒用户保管好车内的物品,引导用户进入休息区。

步骤二

绕车一周,检查车身有无破损、剐蹭,玻璃、天窗是否关闭,若发现异常,及时向车主说明情况。

☞ 活动二 填写施工单

根据施工单上内容,认真填写服务项目、车辆信息、车牌号码、车主电话,记录车辆里程数、油表油量等信息。确认施工车辆是否有补漆(重新喷漆的车辆在施工时存在掉漆的风险),施工前,需要拆卸门把手、字标、车身装饰条,特殊车型需要拆卸前照灯组等部件。以上内容

77

需提前告知车主,待车主确认签字后方可进行施工。

☞ **活动三　施工前准备**

步骤一

全车清洗:对施工车辆进行全方位清洗,特别注意对边缝处位置使用毛刷重点清洗;用美容黏土对漆面进行深度清洁,使用压缩空气机将缝隙吹干,保证边角干净,无异物流出;漆面清洁完毕后,使用专用软刮进行漆面检查,保证漆面无凸起、颗粒等。对于损伤的漆面,需修复后才能进行施工。

步骤二

选膜:根据车主喜好选择颜色,选膜的同时兼顾安全性原则,尽量避免选择高反光的镜面膜或者"变色龙"系列。

步骤三

工具准备:热风枪、绒布刮板、美工刀、裁膜刀、手套、收边工具等。

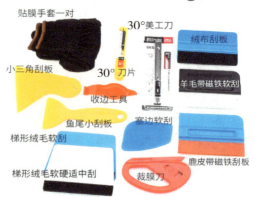

场地准备:为保证贴膜质量,施工要在无尘车间内进行。

项目三 汽车装饰

人员准备:穿戴整洁,不准佩戴手表、戒指等金属饰品,以防划伤车漆。

☞ **活动四 施工**

步骤一

拆解:为了保证最终效果、完美包边,改色施工前,需要拆卸门把手、字标、后视镜、车身装饰条,特殊车型需要拆卸前照灯组等部件。

步骤二

裁膜:前机盖区域,使用卷尺测量前机盖尺寸(边缘预留3~5cm以方便收边),车顶、行李舱盖同样方法裁膜。

前、后保险杠区域,测量保险杠长度,将改色膜横向一分为二,分别施工前后保险杠两块区域。

前、后翼子板(包括A+C柱),侧裙边梁、前、后车门等区域,用整张改色膜用磁铁固定在施工部位,根据施工部位轮廓裁膜。

后视镜区域,直接取30cm×30cm改色膜即可。

步骤三

上膜定位:从上到下揭膜,使膜面自然下垂,保持改色膜不动,顺势揭除表面防护膜,防止产生折痕。上膜时按照贴膜部位尺寸的大小,轻轻放下,2至4人配合向四角拉伸平铺于漆面,去除大部分气泡。

步骤四

刮膜:选取合适部位进行定位。以发动机舱盖为例,通常用烤枪加热膜面,从中间向两边赶,再顺势自然定位左右两侧。施工时,刮板不宜太过用力,切忌将膜刮坏影响整体效果。

汽车装饰与美容

贴车门、车顶的时候,把边收到胶条里面,最大限度地防止起边。

裁膜收边时,边角处要预留出足够的膜,使用烤枪烤膜翻折,避免产生褶皱。裁膜时要注意边缘裁切整齐,遇到弧度比较大的地方,需要使用烤枪加热,方便施工。

步骤五

检查:整车的贴膜工序完成后,要仔细检查车身每处细节,看膜面是否与车身完全贴合,并将拆卸的字标、亮条等部件复原。

项目三 汽车装饰

(3)清洗车辆要在贴膜后约一周左右进行,切忌用高压水枪对着膜与车漆的接缝处直接喷射。

☞ **活动七　交车**

交车前,由店长再次检查车辆,确保车辆干净整洁、无贴膜留下的残留物后,将钥匙交还用户。

☞ **活动五　检查验收**

施工技师进行仔细检查:确保膜面平整无划痕、折痕,无灰尘、脏点、气泡;膜面与车身完全贴合,边缘平齐无毛边、无凸起;店长进行二次检查,确保施工效果。

☞ **活动六　联系用户**

负责接待的前台人员联系用户,并告知以下注意事项。

(1)提醒车主贴完改色膜十日内,到车管所登记更换行驶证。

(2)施工完成后的初期,膜的附着力较小,不要用力触摸边缘部分。

☞ **活动八　评价总结**

步骤一

自评;组内互评,记录员汇报施工过程中记录的问题,安全员汇报施工过程中存在的安全问题;小组总结,对存在的问题提出整改意见。

步骤二

教师点评各小组在施工过程中存在的不足之处,提出合理的改进意见。

任务四　汽车彩饰装贴

问题导入

作为个性张扬的年轻人,你喜欢车身彩饰吗?

答:在不违反相关法律法规的前提下,对汽车进行外部彩饰,可提高观赏性。目前主要的车身彩饰有贴纸、喷涂彩绘、安装镀铬件三类。

汽车装饰与美容

安装前　安装后

任务流程

活动一 接车 → 活动二 填写施工单 → 活动三 施工前准备 → 活动四 施工 → 活动五 检查验收 → 活动六 联系用户 → 活动七 交车 → 活动八 评价总结

具体操作

☞ **活动一　接车**

步骤一

引导车辆进入指定工位,并等待用户下车,提醒用户保管好车内的物品,引导用户进入休息区。

步骤二

绕车一周,检查车身有无破损、剐蹭,玻璃、天窗是否关闭,若发现异常,及时向车主说明情况。

☞ **活动二　填写施工单**

根据施工单上内容,认真填写服务项目、车辆信息、车牌号码、车主电话,记录车辆里程数、油表油量等信息。确认用户车是否有补漆、划痕,包括在施工过程中需拆卸车辆部件的事项,进行告知后,填写施工单,待车主确认签字方可进行施工。

☞ **活动三　施工前准备**

工具准备:数显热风枪、软/硬刮板、美工刀、喷壶。

环境准备:为保证效果,施工应在室内进行,不可在露天的环境下施工。

人员准备:穿戴整洁,不准佩戴手表、戒指等金属饰品,以防划伤车漆。

☞ **活动四　施工**

以车身贴纸为例介绍施工流程。

步骤一

全车清洗:对施工车辆进行全方位清洗,重点是需要施工区域,如漆面存在较为严重问题,需要处理后进行施工。

步骤二

将贴纸背面保护层揭开,贴在需要粘贴位置。为保证效果,需要两人配合,一人施工,另外一人观察粘贴位置是否合适。

步骤三

车身与车门缝隙连接处,用剪刀沿门边剪开,注意剪切处应整齐平滑、无毛边。

步骤四

使用专用刮板将膜面赶平,无气泡即可,如采用湿贴的方式,用刮板将水赶出即可。也可用热风枪加热贴纸,使粘贴更加牢固。

☞ **活动五　检查验收**

施工技师仔细检查:确保贴纸表面平整无划痕、折痕,无灰尘、脏点、气泡;与车身完全贴合边缘平齐无毛边,无凸起;店长进行二次检查,确保施工效果。

☞ **活动六　联系用户**

负责接待的前台人员联系用户,并告知以下注意事项。

(1)施工结束后,不要马上洗车,切忌用高压水枪对着贴纸直接喷射,以免造成翘边。

(2)当膜面出现污渍,禁用化学溶剂擦拭,可用清洁的湿毛巾或棉布配合洗洁精擦洗。

(3)施工完毕3天内,再次进店进行一次边角检查,确保没有问题。

☞ **活动七　交车**

交车前,由店长再次检查车辆,确保车辆干净整洁、无施工残留垃圾后,将钥匙交还用户。

☞ **活动八　评价总结**

步骤一

自评;组内互评,记录员汇报施工过程中记录的问题,安全员汇报施工过程中存在的安全问题;小组总结,对存在的问题提出整改意见。

步骤二

教师点评各小组在施工过程中的不足之处,提出合理的改进意见。

项目四 汽车部件修复

任务一 前照灯翻新修复

问题导入

什么是前照灯翻新？

答：汽车在日常行驶过程中，受到诸多外部因素而造成的轻微损伤，烈日、严寒、风沙吹击等都会使车灯受损，久而久之车灯会暗淡无光，不仅影响美观，还严重威胁夜间行车安全。汽车前照灯翻新修复可以快速去除车灯划痕、老化、龟裂、发黄等问题，从而提高车灯亮度，延长车灯使用寿命。

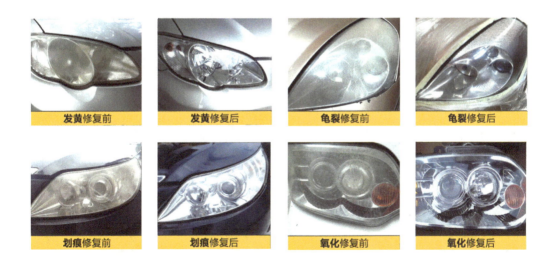

任务流程

活动一 接车 → 活动二 填写施工单 → 活动三 施工前准备 → 活动四 施工 → 活动五 检查验收 → 活动六 联系用户 → 活动七 交车 → 活动八 评价总结

具体操作

☞ 活动一 接车

步骤一

引导车辆进入指定工位,并等待用户下车,提醒用户保管好车内的物品,引导用户进入休息区。

步骤二

绕车一周,检查车辆是否存在异常,若发现问题,及时向车主说明情况。

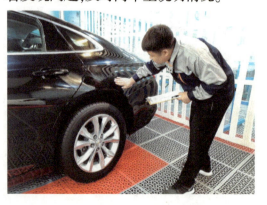

☞ 活动二 填写施工单

根据施工单上内容,认真填写服务项目、车辆信息、车牌号码、车主电话,记录车辆里程数、油表油量等信息。在施工过程中,有拆卸车辆部件的事项,需提前告知车主,待车主确认签字方可进行施工。

项目四　汽车部件修复

活动三　施工前准备

步骤一

检查前照灯材质及损伤程度。

修复范围：有机玻璃、亚克力PP、聚碳酸酯PC、PE、ABS等材质的各类型前照灯。

修复类型：外表发黄、龟裂、模糊不清、划痕。

汽车前照灯翻新修复分为雾化镀膜修复和喷涂镀膜修复。

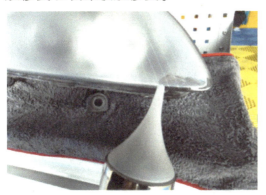

雾化镀膜修复

喷涂镀膜修复

注意事项

（1）必须保证前照灯未穿透到内部，确保前照灯内部没有污渍，确保塑料边角完整，前照灯灯光完好。

（2）在划痕或发黄、龟裂氧化层严重情况下，需评估修复镀膜后的效果：修复镀膜后达到满意效果，一般划痕没伤透到超过灯表面厚度的50%；鉴别发黄、龟裂氧化层严重程度时，若观察到漆的表面无光、粗糙，许多部位摸上去有瑟瑟的感觉，就需要做打磨处理后再进行镀膜还原。

步骤二

工具准备：美容砂纸320#－－2000#，前照灯修复设备。

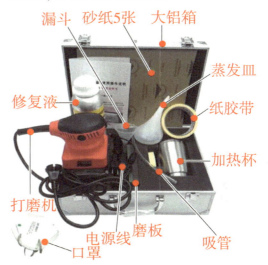

场地准备：打磨最好在室内进行，以防止修复过程中飞尘落到前照灯表面而影响最终效果。

87

人员准备：穿戴整洁，不准佩戴手表、戒指等金属饰品，以防划伤车漆。

☞ 活动四　施工

步骤一

遮蔽保护：用美纹纸胶带将前照灯外边缘的保险杠、发动机舱盖进行遮蔽，以防止施工过程中砂纸打磨到车漆。

步骤二

砂纸打磨：根据前照灯损伤情况选择合适型号的砂纸进行打磨。为保证施工安全，砂纸需沾水使用，不可干磨。砂纸的正确选择非常关键：砂纸过粗，打磨速度快，但是会留下深划痕，后期处理非常麻烦；砂纸过细，打磨速度太慢。以失光比较深的严重情况为例：先选用320#砂纸在划痕处进行打磨，打磨到看不清划痕后换成600#砂纸继续打磨，以看不清前道砂纸痕印为准，然后换1000#砂纸，以此类推从按粗（320#）到细（2000#）的顺序进行打磨。

注意：每打磨一层都需用水冲洗前照灯表面，仔细观察灯面打磨情况。

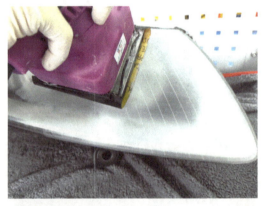

步骤三

检查划痕：用气枪吹干前照灯表面，仔细观察前照灯表面划痕是否清除完毕。

步骤四

喷镀前照灯专用修复材料。

注意：以下步骤需佩戴口罩！施工应在无尘车间内进行，避免修复时，前照灯表面落上灰尘，影响最终效果。

（1）把前照灯修复液倒入前照灯修复设备中。

（2）通电加热前照灯修复设备。

（3）在前照灯表面采用往复直线的方式均匀喷涂，喷嘴与前照灯的距离保持在3～5cm。

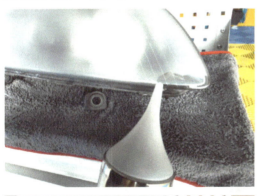

（4）自然固化（10～15min）期间，不可用手触碰施工表面，保证最终效果。

（5）若前照灯修复材料没用完，需要回收瓶中，密封好，避光且阴凉处保存，便于下次使用。

（6）施工技师对施工完的前照灯进行仔细检查，确认是否有颗粒、橘皮，如出现瑕疵可用2000#水磨砂纸轻微打磨，再用高速抛光机倒少许的微晶抛光剂进行抛光。

（7）用干净毛巾擦拭前照灯，检查前照灯是否透彻光亮。

（8）将修复完的前照灯外边缘遮蔽去掉（如前照灯被拆卸，需重新安装归位）。

☞ **活动五　检查验收**

施工技师仔细检查，确保前照灯表面平整无划痕、灰尘、脏点、气泡等瑕疵；店长进行二次检查，确保施工效果。

☞ **活动六　联系用户**

负责接待的前台人员联系用户，并告知如下注意事项。

（1）前照灯修复完成后三天内不

能洗车,以免影响修复效果。

(2)禁用各类酸碱性清洁剂、化学溶剂擦拭前照灯表面,用清洁的湿毛巾擦洗即可。

☞ 活动七　交车

交车前,由店长再次检查车辆,确保车辆干净整洁后,将钥匙交还用户。

☞ 活动八　评价总结

步骤一

自评;互评,记录员汇报施工过程中的问题,安全员汇报施工过程中存在的安全问题;小组总结,对存在的问题提出整改意见。

步骤二

教师点评各小组在施工过程中存在的不足之处,提出合理的改进意见。

任务二　玻璃修复

问题导入

什么是汽车玻璃修复?

答:日常行驶中,车辆会遇到一些外部石头蹦到汽车前风窗玻璃的情况,造成玻璃破损甚至开裂,在可修复的范围内可以采用玻璃破损修复技术进行修复。在不拆卸汽车前风窗玻璃的情况下,通过对汽车前风窗玻璃破损处进行抽真空,注入与风窗玻璃折射率及透光率相近的UV树脂,使其固化为高强度玻璃体,达到与原玻璃的完美结合。玻璃破损修复后,不发黄、不脱落。

并不是所有的受损风窗玻璃都能修复,汽车风窗玻璃修复也存在一定的局限性:如果风窗玻璃上出现牛眼裂痕,其修复范围是不能超过一元硬币的面积大小;如果是星状裂痕,直径则不能超过5cm;线状裂痕总长度不能超过20cm。一旦玻璃受损比上述情况还要严重,则不建议修复,因为很难保证修复效果和质量。

注意:汽车玻璃修复仅适用于汽车前风窗玻璃(夹层玻璃),侧窗和后

项目四 汽车部件修复

风窗玻璃(钢化玻璃)不可修复。

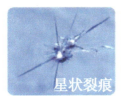
星状裂痕

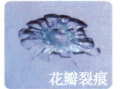
花瓣裂痕

牛眼+月牙

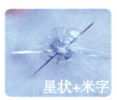
星状+米字

牛眼裂痕

月牙+星状

长裂纹

修复前

修复后

修复前

修复后

任务流程

活动一 接车 → 活动二 填写施工单 → 活动三 施工前准备 → 活动四 施工 → 活动五 检查验收 → 活动六 联系用户 → 活动七 交车 → 活动八 评价总结

具体操作

☞ **活动一 接车**

步骤一

引导车辆进入指定工位,并等待用户下车,提醒用户保管好车内的物品,引导用户进入休息区。

步骤二

绕车一周,检查车辆是否存在异常,若发现问题,及时向车主说明情况。

活动二　填写施工单

根据施工单上内容,认真填写服务项目、车辆信息、车牌号码、车主电话,记录车辆里程数、油表油量等信息。待车主确认签字后,方可进行施工。

活动三　施工前准备

步骤一

使用压缩空气清洁玻璃表面(注意不可用水冲洗),检查玻璃损伤程度,确定修复方法。

吸附观察镜、1ml注射器、电池固化灯、打孔机、注胶器、抛光粉、三爪修复支架、裂缝扩张器、220V固化灯、羊毛盘底托、修复液

步骤二

工具准备:玻璃注胶器、钻孔器、固化灯、玻璃修复专用树脂、支架、玻璃修复套装等。

场地准备:施工场地干净整洁、无杂物,工具摆放整齐。

项目四　汽车部件修复

人员准备：穿戴整洁，不准佩戴手表、戒指等金属饰品，以防划伤车漆。

☞ **活动四　施工**

步骤一

清理玻璃碎屑，玻璃洞口处的灰尘、玻璃碎末；长条裂纹玻璃需在裂纹两端打止裂孔。

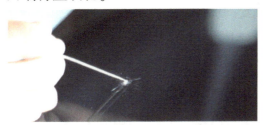

步骤二

观察玻璃裂纹情况，安装辅助镜。

步骤三

将玻璃修复器的底座固定好位置，锁紧底部的锁紧螺母。

步骤四

将玻璃修复器的活塞拉杆往上拉起，并保持固定。抽真空就是利用活塞所占空间往上拉起形成的真空区域与裂纹内的压强差将玻璃裂纹内的空气吸入真空泵中。

步骤五

将玻璃修复器的活塞拉杆放下，利用空气压强差的压力将树脂压入（也可说成吸入）玻璃裂纹，并锁定。

步骤六

将已经裂开却没有显现出来的裂纹挤压出来，并修复好，隐形裂纹如果在修复时没有处理好，将成为隐患。

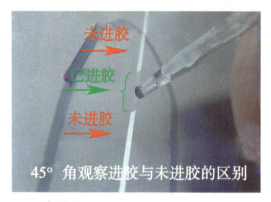

45°角观察进胶与未进胶的区别

步骤七

在树脂上贴上贴片,用紫外线对玻璃树脂进行固化烤干。

步骤八

用刮刀将洞眼于原玻璃表面收平,这样就可以美化视觉效果,保证刮水器的正常使用。前面我们提到为了表面收平,需要多次滴树脂烘烤,将多余的树脂用刀片刮掉。

步骤九

将玻璃洞眼处理收亮,经过刀片刮过的玻璃树脂是光泽暗淡模糊的,我们可以用抛光盘加上少许的研磨剂对洞眼处抛光。

☞ *活动五 检查验收*

施工技师仔细检查,确保修复效果。

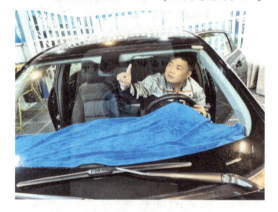

☞ *活动六 联系用户*

负责接待的前台人员联系用户,并告知修复完后,两天内不要用水冲洗修复部位,空调不可直吹修复处。

项目四　汽车部件修复

☞ **活动七　交车**

交车前,由店长再次检查车辆,确保修复效果后,将钥匙交还用户。

☞ **活动八　评价总结**

步骤一

自评;组内互评,记录员汇报施工过程中记录的问题,安全员汇报施工过程中存在的安全问题;小组总结,对存在的问题提出整改意见。

步骤二

教师点评各小组在施工过程中存在的不足之处,提出合理的改进意见。

> **知识链接**

一、星状破损

1.产生原因

星状玻璃裂纹多半是由于受到带有尖点的硬物冲击造成的,常见的是车辆在行驶过程中被弹起的石子砸中玻璃。星状玻璃裂纹一般在玻璃相对中间位置,玻璃边缘的星状裂纹,多数会在长时间未修复的情况下向中间扩散。

2.修复注意事项

(1)星状裂纹破损宜在一两天内做好修复,这样有助于隐形裂纹的显现修补,隐形裂纹在玻璃被砸裂后看不出来,只有在受到外力挤压的情况下,才会显现出来。这样的裂纹极其细小,修复时树脂很难渗透完整;比较严重的玻璃裂纹在不能确保使用状况的情况下,建议及时修复,以免因外界因素,使裂纹无限制扩大。

(2)注入树脂过程中要给裂纹施以适当的外力,让玻璃裂纹(特别是隐形裂纹)可以充分地进入玻璃树脂。

(3)修复星状裂纹的玻璃树脂时,如浓度过大,将无法达到渗透的效果,如浓度过低,难以确保修复后的玻璃强度。

3.修复后效果

星状玻璃裂纹修复后的强度可以达到原车玻璃的90%左右,视觉效果可以达到原车玻璃的70%~80%,中心点会呈一种半透明状态,周围散发的裂纹会变淡变细,甚至有些裂纹会像隐形裂纹一样消失,具体的修复效果还与玻璃破损后修复时机有关。

二、牛眼状破损

1. 产生原因

牛眼状玻璃裂纹一般是由不是很尖锐的硬物高速撞击冲压造成的。造成牛眼状玻璃裂纹的物体一般有两个特征。

(1) 硬物的尖点不是很尖锐,或者撞击点不是尖点。

(2) 运动速度快,一般要比造成星状裂纹的物体运动速度快。

2. 修复注意事项

(1) 注意防止将整个牛眼破损表面打飘。

(2) 抽真空注树脂时,要注意胶圈对玻璃的压力控制,牛眼破损的玻璃里面都已经被振碎,压力偏大会导致整个破损表面坍塌,影响修复效果。

(3) 牛眼状的玻璃破损由于是被振碎的,中间有可能有很多隔绝、半隔绝的破损,处理这种问题可以在打眼时用撞针加大破损程度,使其内部更加通畅,也可以通过延长时间优化修复效果,尽量不要用加大注胶压力的方法,这样会导致花状水韵的产生。

(4) 修复前可以通过加温的方式,先排出部分空气,牛眼状的玻璃破损里面进入的空气量很大,这样可以提高抽真空的效率。

3. 修复后效果

牛眼状的玻璃裂纹修复强度与视觉效果一般要比星状玻璃裂纹好,强度可达原车玻璃的95%以上,视觉效果可以达到原车玻璃的80%以上,也与修复时机有一定关系。

三、复合型破损

1. 产生原因

复合型的玻璃裂纹一般是由带有尖点的硬物高速撞击产生的,尖点导致玻璃产生破裂造成裂纹,高速的撞击给玻璃产生大的振动使玻璃产生破碎,一般复合型的玻璃破损表面受损程度是比较严重的,撞击的硬物一般是较大的物体。

2. 修复注意事项

(1) 玻璃表面一般受损严重可以直用撞针拨开碎渣,打眼与否可以看实际需要,但玻璃碎渣一定要尽量处理干净,不然会影响修复视觉效果。

(2) 打眼还需要注意位置的选择,牛眼中边缘的玻璃裂纹由于离中心点太远以及通道的堵塞,很有可能导致边缘裂纹难以注入树脂。如果确实出现完全不相连的情况,需要在裂纹末端重新打眼修补。

(3) 注入树脂时,要小心压力过大。

3. 修复后效果

复合型的玻璃裂纹修复效果类似于星状裂纹和牛眼状玻璃裂纹修复效果,整体上的修复强度可以达到90%左右,视觉效果可以达到70%~80%。

四、长条裂纹

1. 产生原因

长条裂痕多数情况是由天使之翼（单短裂痕）长时间不修补而延长造成的，一般处于玻璃边缘、中间的长条裂痕，但数量不多。因为中间裂纹在各个方向承受的外界应力是均等的，而边缘裂纹所承受的应力是不均等的，左右两侧的裂纹有着左右一侧依托，上下相类似的在不均等的应力下会从某个方向优先延长，而形成长条裂痕。

2. 修复注意事项

（1）打眼前，可以给裂痕施加适当的压力，让隐形裂纹显现出来，但少数裂痕所能承受的压力很小，甚至自然状态下都有可能延长，这种情况如果实在延长过多不止，就没必要修复了。

（2）打眼时，要打在裂痕（隐形裂痕）末端前方1~2mm处，打出的眼可以在垂直角度下砸出一个牛眼，也可以将打眼的深度加大，将第一层玻璃打透，这样可以更好地起到止裂的作用，有些修玻璃的用粗的钻头将孔加大，这样视觉效果受到影响。

（3）注入树脂时，如果采用自然渗透法，需要将树脂放在已经渗透进树脂的裂缝处，不可以从中间将没有进树脂的裂缝截断，这样会使树脂之间的裂缝很难修补。

（4）末端砸出的牛眼在没有办法用自然渗透方法修复时，可以用玻璃修复器进行抽真空修复。

3. 修复后效果

长条裂痕的修复效果与裂痕的长度等因素有关，一般强度可以达到原车玻璃的85%左右，视觉效果可以达到原车玻璃的70%左右，有时中间会有一些小黑点的产生，但不会影响整体的修复强度，长条裂痕的修复强度主要在于裂痕末端的修复效果。

任务三 轮毂修复

问题导入

什么是轮毂修复？

答：汽车在行驶过程中会遇到各种磕碰，从而造成轮毂表面划伤、破损及变形等情况。在经过翻新之后，受损的轮毂可以恢复原貌，但为了安全起见，修复仅限于表面划伤的轮毂，对于破损或变形的轮毂不建议修复，而建议直接更换新轮毂。

轮毂损伤一般有三种情况：表面擦伤、轮毂变形、轮毂断裂。

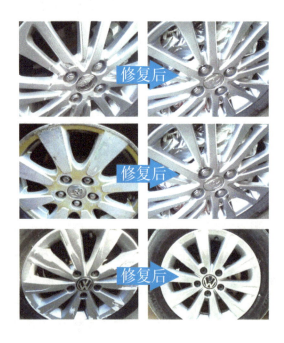

任务流程

活动一 接车 → 活动二 填写施工单 → 活动三 施工前准备 → 活动四 施工 → 活动五 检查验收 → 活动六 联系用户 → 活动七 交车 → 活动八 评价总结

具体操作

☞ **活动一　接车**

步骤一

引导车辆进入指定工位，并等待用户下车，提醒用户保管好车内的物品，引导用户进入休息区。

步骤二

绕车一周，检查车辆是否存在异常，若发现问题，及时向车主说明情况。

项目四　汽车部件修复

☞ **活动二　填写施工单**

根据施工单上内容,认真填写服务项目、车辆信息、车牌号码、车主电话,记录车辆里程数、油表油量等信息。在施工过程中,有拆卸车辆部件的事项,需提前告知车主,待车主确认签字方可进行施工。

☞ **活动三　施工前准备**

步骤一

将损伤的轮胎轮毂拆下,检查损伤程度,确定修复方法。

步骤二

工具准备:砂纸、遮蔽纸、轮毂修复套装(补土、自喷漆、亮漆)等。

场地准备:施工场地干净整洁、无杂物,工具摆放整齐。

人员准备:穿戴整洁,不准佩戴手表、戒指等金属饰品,以防划伤车漆。

☞ **活动四　施工**

一、表面损伤修复

轮毂表面的损伤,基本以轮毂的划

99

痕、擦伤为主，修复也仅对表面进行处理，基本不影响轮原轮毂主要的受力结构，对轮毂的可靠性和安全性没有影响。修复流程比较简单，工艺相对成熟。

步骤一

打磨划痕：使用800#砂纸将划痕部分打磨平整。

步骤二

补土填充：当轮毂打磨平整后，使用轮毂专用补土将划痕填平（与汽车钣金喷漆用原子灰填平是一个道理，不同的是，轮毂上使用的是合金原子灰，比汽车钣金使用的普通原子灰更坚硬细腻）。如果轮毂边缘缺口明显，原子灰无法填补，只能采用铝焊的方法将缺口补齐。注意：为保证轮毂的安全性，不是所有缺口都可以焊接填补，前提是轮毂没有变形、缺口不能过大、边缘更不可有裂痕。

步骤三

精细打磨：用2000#砂纸沾水将补土位置打磨平整。

步骤四

遮蔽保护：使用遮蔽膜或者废旧报纸将轮毂边缘不需要喷漆的区域遮挡，防止油漆飞溅。

步骤五

喷漆修复：对砂纸打磨处进行喷漆修复，颜色的选择要与原车轮毂一致，控制好流量与距离，遵循少量多次的原则。待色漆干透，再喷2～3遍亮漆（光油），增加光泽度。

注意：此修复方法只是用于普通铝合金轮毂，双色轮毂、拉丝轮毂、电镀轮毂、枪灰色轮毂不可使用以上方法进行修复！

项目四　汽车部件修复

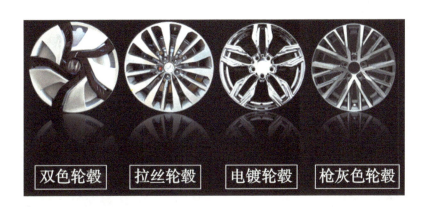

| 双色轮毂 | 拉丝轮毂 | 电镀轮毂 | 枪灰色轮毂 |

【中闪银】轮毂喷漆适合以下车型：				
标致	长城	哈弗	福特	吉利
捷豹	宝马	江淮	长安	荣威
五菱	林肯	中华	路虎	宝骏
纳智捷	雪铁龙	雪佛兰	长安欧尚	北京汽车
克莱斯勒	东风风光	现代(朗动)	JEEP	WEV
北汽新能源　吉利金球鹰				

【水晶白银】轮毂喷漆适合以下车型：				
本田	丰田	现代	铃木	奔驰
领克	金杯	陆风	讴歌	力帆
雷克萨斯	东风小康	北汽威海	英菲尼迪	长安汽车
东风风行	捷达(大众新出车系)			

【中白银】轮毂喷漆适合以下车型：				
别克	日产	大众	奥迪	起亚
东南	黄海	驭胜	五菱	三菱
马自达	比亚迪	斯柯达	沃尔沃	斯巴鲁
东风风行	广汽传祺	天津一汽	野马汽车	
比德文电动车				

【细白银】轮毂喷漆适合以下车型：				
奇瑞	奔腾	雷诺	名爵	宝沃
宝骏	福田	金杯	江铃	海马
汉腾	启辰	开瑞	菲亚特	凯迪拉克
东风风行	北汽昌河	广汽新能源	长安面包车	

二、轮毂变形修复

轮毂变形一般是指遭遇外力导致轮毂发生形变，出现凹陷或者凸起的情况。

步骤一

变形位置检测：找到轮毂变形的位置，将轮毂装在自制的夹具上，使用百分表，找到变形位置进行校准。

项目四 汽车部件修复

步骤二

加热：使用喷灯对变形位置进行局部加热，轮毂上的小红点是红外测温仪，到达一定温度后便可停止加热。

步骤三

校正：到达一定温度后，轮毂变软，使用小型液压顶进行反复轻微校正，直到达到合理标准。

我们知道，轮毂的材质是铝合金，材质本身的抗金属疲劳性相对较差，经外力产生变形后，又经外力强行恢复原状，即使表面肉眼无法观察到有细小裂纹，但从科学的角度上来讲，此处的金属结构与正常轮毂的金属结构已完全不同了，随之而来的就是不可预料的某处疲劳裂纹的产生，再后便是可怕的断裂。所以，如果发现轮毂变形，换新轮毂才是最安全的办法。

三、轮毂断裂修复

轮毂断裂可以通过焊接的方式进行修复，但是轮毂的安全性能大为下降，不建议进行修复处理。

正常的轮毂制造工艺为铸造，是金属在熔融状态，在压力的作用下逐次冷却或结晶的。而焊接是局部进行加热融化再凝固的过程。所以，焊缝周围必然有焊缝应力，装车后经过一段时间的载荷运转后，极有可能在轮毂的高应力区产生疲劳裂纹以致断裂，如果发现不及时，就有可能造成严重后果。

☞ 活动五　检查验收

施工技师仔细检查，确保轮毂修复效果。

☞ 活动六　联系用户

负责接待的前台人员联系用户，并告知注意事项。

☞ 活动七　交车

交车前，由店长再次检查车辆，确保车辆干净整洁后，将钥匙交还用户。

汽车装饰与美容

☞ **活动八　评价总结**

步骤一

自评;组内互评,记录员汇报施工过程中记录的问题,安全员汇报施工过程中存在的安全问题;小组总结,对存在的问题提出整改意见。

步骤二

教师点评各小组在施工过程中存在的不足之处,提出合理的改进意见。

任务四　真皮修复

问题导入

汽车真皮座椅出现破损是否能进行修复?

答:汽车在日常使用过程中,真皮座椅会出现老化、磨损、破裂等情况,一般情况下都可以采用真皮修复技术来进行处理。

任务流程

活动一 接车 → 活动二 填写施工单 → 活动三 施工前准备 → 活动四 施工 → 活动五 检查验收 → 活动六 联系用户 → 活动七 交车 → 活动八 评价总结

具体操作

☞ **活动一　接车**

步骤一

引导车辆进入指定工位,并等待用户下车,提醒用户保管好车内的物品,引导用户进入休息区。

项目四　汽车部件修复

步骤二

绕车一周,检查车辆是否存在异常,若发现问题,及时向车主说明情况。

☞ **活动二　填写施工单**

根据施工单上内容,认真填写服务项目、车辆信息、车牌号码、车主电话,记录车辆里程数、油表油量等信息。在施工过程中,有拆卸车辆部件的事项,需提前告知车主,待车主确认签字方可进行施工。

☞ **活动三　施工前准备**

步骤一

检查损伤程度,确定修复方法,必要的情况下需要拆卸座椅。

步骤二

工具准备:真皮修复套装、真皮清洁剂、600#砂纸、喷涂设备等。

场地准备:施工场地干净整洁、无杂物,工具摆放整齐。

人员准备:穿戴整洁,不准佩戴手表、戒指等金属饰品,以防划伤车漆。

☞ 活动四　施工

步骤一

修补前使用皮革专用清洁剂将损伤处的油污清理干净,自然晾干。

步骤二

(1)微小裂口的黏补。

真皮座椅上出现微小的裂口时,把裂口处平铺,在裂口中涂上专用皮革黏合剂,然后把裂口对齐,用热风枪烘干即可。

(2)较大破口的黏补。

真皮座椅上出现较的破口时,先将破口处平展,取一块比破口略大一些衬布,从开口处放入垫在破口下面铺平,然后将专用皮革黏合剂涂入破口中,再把缝口对齐整齐。

特别注意的是,其中使用的黏合剂,除专用的皮革黏合剂之外,可以使用树脂类黏合剂,如环氧树脂黏合剂、聚乙烯醇缩甲醛胶、氯丁胶等,切不可使用501、502之类的万能胶,这种万能胶会使皮革变形硬结,影响真皮美观。

碰伤和磨损较严重的地方有凹陷或不平,要使用补伤膏填平凹陷处,修补时可以分两次进行,补伤膏一定要刮涂均匀。

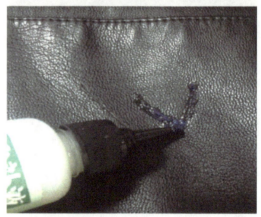

步骤三

等待补伤膏干透后,用600#砂纸将伤口处打磨平整。

项目四 汽车部件修复

效果。

☞ **活动六　联系用户**

负责接待的前台人员联系用户,并告知注意事项。

步骤四

最后上色工序最好采用喷涂工艺,可分多次喷涂,走Z字和十字喷枪法都行,需要喷两次,第二次要在第一次干了后再喷涂。皮革改色漆有中高光、自然光、哑光。建议先在不显眼的小地方做测试,用透明胶布黏住,用力拉起来,不出现掉漆的现象,证明上色成功。

☞ **活动七　交车**

交车前,由店长再次检查车辆,确保车辆干净整洁后,将钥匙交还用户。

☞ **活动八　评价总结**

步骤一

自评;组内互评,记录员汇报施工过程中记录的问题,安全员汇报施工过程中存在的安全问题;小组总结,对存在的问题提出整改意见。

☞ **活动五　检查验收**

施工技师仔细检查,确保修复

107

步骤二

教师点评各小组的在施工过程中存在的不足之处，提出合理的改进意见。

任务五　车身凹陷无痕修复

问题导入

什么是车身凹陷无痕修复？

答：当汽车车身受到轻微撞击后出现凹坑（例如冰雹坑等），在车漆没有破损的情况下可以进行凹陷无痕修复。所谓无痕修复是指不用钣金喷漆的方法，使车身恢复到原来状态，保证原厂漆。车身凹陷修复一般分为拉拔式和顶翘式。

任务流程

活动一 接车 → 活动二 填写施工单 → 活动三 施工前准备 → 活动四 施工 → 活动五 检查验收 → 活动六 联系用户 → 活动七 交车 → 活动八 评价总结

具体操作

☞ **活动一　接车**

步骤一

引导车辆进入指定工位，并等待用户下车，提醒用户保管好车内的物品，引导用户进入休息区。

项目四　汽车部件修复

步骤二

绕车一周,检查车辆是否存在异常,若发现问题,及时向车主说明情况。

☞ **活动二　填写施工单**

根据施工单上内容,认真填写服务项目、车辆信息、车牌号码、车主电话,记录车辆里程数、油表油量等信息。在施工过程中,有拆卸车身部件的事项,需提前告知车主,待车主确认签字方可进行施工。

☞ **活动三　施工前准备**

步骤一

检查损伤程度,确定修复方法,必要的情况下需要拆卸车身部件。

步骤二

工具准备:专用拉拔器、顶棍、吸盘、橡皮锤、整平笔、整平照明灯、热熔胶枪、胶棒等。

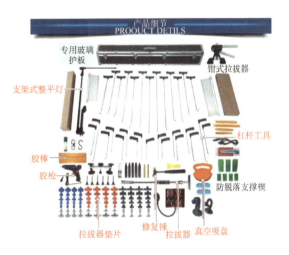

场地准备:场地干净整洁,地面无水。

人员准备:穿戴整洁,不准佩戴手表、戒指等金属饰品,以防划伤车漆。

☞ 活动四　施工

一、拉拔式修复方法

（1）清洁修复表面，确保施工表面干净无油污。

（2）胶枪通电，插入胶棒，预热3～

5min，使热熔胶彻底熔化。根据凹痕的直径选择合适的牵引吸盘，用熔化的胶涂满牵引吸盘。将涂满热熔胶的牵引垫片根据用力点不同，黏在不同位置，用手轻轻压住。打胶要均匀，中间稍微多打一点，确保粘贴牢固。

（3）涂上胶后，快速将吸盘粘到凹陷处，粘贴吸盘时一定要轻，勿把胶挤到边缘。待胶快冷却（稍有余温的时候承受拉力是最大的），将拉力锤的中心孔对准牵引垫片的轴套好，垂直均匀用力往后拉，反复操作几次，直到凹陷回复平整。

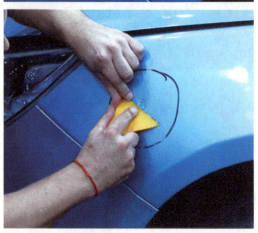

（4）凹陷平整后，可用酒精喷洒在车

体残胶上,用塑料刮铲清理附着的残胶。

(5)如果拉拔的地方出现凸起的部分,就用橡胶锤子和整平笔来回地敲,直至凹陷与车身平齐。

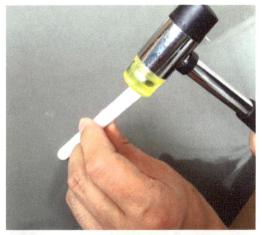

如果凹痕修复不是很理想可以重复此步骤,但是有些凹陷仅仅靠拉拔修复技术一般很难将车身凹陷处恢复到原来的状态,一般比较平缓的凹陷用拉拔的方式是可以修复完成的。如果上述修复过程仍不能将凹陷恢复到原来的状态,需要我们使用第二种顶翘式方法进行修复。

二、顶翘式修复方法

(1)顶翘修复是需要从钣金反面进行施工,所以一般修复的话,我们需要拆卸车门的内饰板,找到门板上固定的螺丝,拆掉螺丝。掰开门板固定的卡扣,拆掉门板上的线束,用固定杆将门板固定好,利用门上的空隙位置一般就可以进行修复了。

(2)顶翘修复需要使用杠杆工具,将工具伸入车门里面,移动工具找到

凹陷位置，平缓均匀发力将凹陷钣金顶出，直至与车身平齐即为修复完成。

（3）顶翘的过程中出现凸起的地方，就用橡胶锤子和特质木笔来回地敲，直至凹陷与车身平齐。

（4）对于一些特殊的凹陷，即使拆卸车门内饰板也无法修复，或者凹陷面积过大，那就需要拆卸车门。首先我们需要将车门边缘与车门的前面的叶子板边缘贴上胶布（防止在分离车门的时候将车门与叶子板的油漆擦伤），然后拆掉车门脚链的螺丝，用毛巾将脚链包裹住（主要是防止车门来回晃动脚链划伤油漆）。将门板与车体之间的线束拆开，再将门板与车体之间的螺丝拧下，即可分离车门，将车门放在架子上固定好，这样我们就可以进行修复了。卸门修复，修复就会更加灵活，修复难度也会降低，修复速度也会更快。

汽车凹陷修复属于钣金的分支，也叫汽车微整形，以下几种情况不建议修复。

（1）后喷漆不建议修复。后喷漆由于工艺的局限性，达不到原车漆的效果，凹陷修复中采用的修复方式也略有不同。首先后喷漆由于烘烤的温度达不到原车漆的标准200℃烘烤（后喷漆一般40~50℃），漆面附着力差，所以不能采用拉拔的方式进行修复，只能采用撬杠的方式进行修复，如果凹陷位置附有腻子，凹陷修复过程中有漆面脱落或者开裂的风险。

（2）漆面有破损、掉漆不能修复。汽车凹陷修复是利用凹陷整平灯反射到车身上灯光的方式，来观察凹陷修复工具到达的位置，由于漆面破损灯光无法判断工具到达的位置。

（3）车身凹陷板材过度拉伸。车身凹陷如果过度拉伸（比如10cm钢板过度拉伸成为12cm），便只能通过传统的钣金喷漆，退火处理。

☞ *活动五　检查验收*

施工技师仔细检查，确保车身表面平整无凹陷或凸出等瑕疵；店长进行二次检查，确保施工效果。

项目四　汽车部件修复

活动六　联系用户

负责接待的前台人员联系用户,并告知注意事项。

活动七　交车

交车前,由店长再次检查车辆,确保车辆干净整洁后,将钥匙交还用户。

活动八　评价总结

步骤一

自评;组内互评,记录员汇报施工过程中记录的问题,安全员汇报施工过程中存在的安全问题;小组总结,对存在的问题提出整改意见。

步骤二

教师点评各小组在施工过程中存在的不足之处,提出合理的改进意见。

任务六　保险杠修复

问题导入

什么是保险杠修复?

答:汽车在行驶过程中会遇到各种磕碰,使保险杠轻微凹陷、损伤、破裂,这种情况下可以进行修复,不用更换保险杠。

任务流程

活动一 接车 → 活动二 填写施工单 → 活动三 施工前准备 → 活动四 施工 → 活动五 检查验收 → 活动六 联系用户 → 活动七 交车 → 活动八 评价总结

具体操作

☞ 活动一　接车

步骤一

引导车辆进入指定工位,并等待用户下车,提醒用户保管好车内的物品,引导用户进入休息区。

步骤二

绕车一周,检查车辆是否存在异常,若发现问题,及时向车主说明情况。

☞ 活动二　填写施工单

根据施工单上内容,认真填写服务项目、车辆信息、车牌号码、车主电话,记录车辆里程数、油表油量等信息。在施工过程中,有拆卸车辆部件的事项,需提前告知车主,待车主确认签字方可进行施工。

☞ 活动三　施工前准备

步骤一

将施工车辆清洗干净,检查保险杠损伤程度,确定修复方法,如损伤严重需要将保险杠拆下。

步骤二

工具准备:热风枪、塑料焊枪、塑料焊条、塑料焊机、焊钉等。

场地准备：施工场地干净整洁、无杂物，工具摆放整齐。

人员准备：穿戴整洁，不准佩戴手表、戒指等金属饰品，以防划伤车漆。

☞ 活动四　施工

一、保险杠未变形

（1）细小的刮痕。

处理方法：一般保险杠、后视镜和有些车的轮眉部位采用的工程塑料，不会生锈，对于轻微剐蹭，可以采用抛光的方法对划痕进行处理。

（2）掉底漆的刮伤。

处理方法：补漆笔在一般汽车用品店都有售，车主提供自己的车款、官方颜色名称，便可以买到合适色号的补漆笔。使用前，先将补漆笔内油漆摇匀，顺着划痕的方向仔细涂抹需修补的位置。

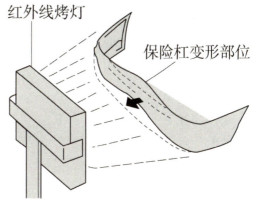

二、保险杠变形

（1）修正保险杠塑料变形。

使用热风枪、烤灯或其他加热装置加热变形部位，然后将变形部位顶出即可恢复到原来的状态。一般变形部位需要加热到60℃。

（2）修正保险杠裂纹。

修复方法：

①根据裂纹情况，选择合适的焊钉，使用塑料焊机对破损的保险杠进行修复。

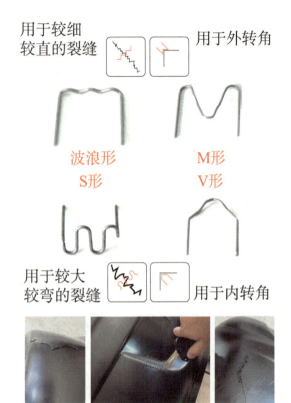

用于较细较直的裂缝　　用于外转角

波浪形　　　　M形
S形　　　　　V形

用于较大较弯的裂缝　　用于内转角

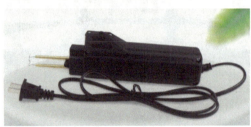

②保险杠表面热抹平。

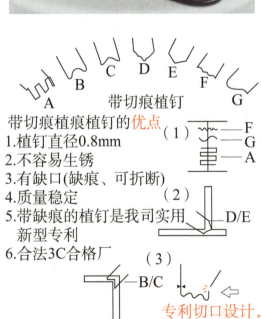

带切痕植钉

带切痕植痕植钉的**优点**
1. 植钉直径0.8mm
2. 不容易生锈
3. 有缺口（缺痕、可折断）
4. 质量稳定
5. 带缺痕的植钉是我司实用新型专利
6. 合法3C合格厂

专利切口设计，手摇即可移除钉尾

③根据保险杠受损情况，适当进行喷漆。

☞ **活动五　检查验收**

施工技师仔细检查，确保修复效果。

项目四　汽车部件修复

☞ *活动六*　联系用户

负责接待的前台人员联系用户，并告知注意事项。

☞ *活动七*　交车

交车前，由店长再次检查车辆，确保车辆干净整洁后，将钥匙交还用户。

☞ *活动八*　评价总结

步骤一

自评；组内互评，记录员汇报施工过程中记录的问题，安全员汇报施工过程中存在的安全问题；小组总结，对存在的问题提出整改意见。

步骤二

教师点评各小组的在施工过程中存在的不足之处，提出合理的改进意见。

任务七　玻璃划痕修复

> 问题导入

汽车在日常使用过程中，玻璃上出现划痕应该如何处理？

答：汽车在日常使用过程中，玻璃表面上会出现很多划痕，例如刮水器长时间使用后胶条老化变硬，未及时更换导致的玻璃划伤；新车贴膜时，未正确使用美工刀导致的玻璃割伤及人为造成的玻璃划痕。轻者影响美观，严重者直接影响驾驶视线，造成安全隐患。

汽车玻璃划痕修复技术是通过研磨，可以快速完美地修复任何玻璃材质表面上的各种瑕疵，无需更换汽车玻璃。

117

任务流程

活动一 接车 → 活动二 填写施工单 → 活动三 施工前准备 → 活动四 施工 → 活动五 检查验收 → 活动六 联系用户 → 活动七 交车 → 活动八 评价总结

具体操作

☞ **活动一 接车**

步骤一

引导车辆进入指定工位,并等待用户下车,提醒用户保管好车内的物品,引导用户进入休息区。

步骤二

绕车一周,检查车辆是否存在异常,若发现问题,及时向车主说明情况。

☞ **活动二 填写施工单**

根据施工单上内容,认真填写服务项目、车辆信息,记录车辆里程数、油表油量等信息。待车主确认签字方可进行施工。

☞ **活动三 施工前准备**

步骤一

使用压缩空气清洁玻璃表面,检查玻璃损伤程度,确定修复方法。

步骤二

工具准备：玻璃划痕修复专用抛光机、研磨片、抛光膏、羊毛盘等。

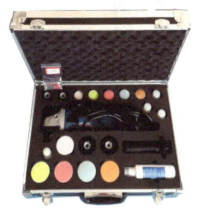

场地准备：打磨最好在室内进行，以防止修复过程中飞尘落到玻璃上而影响最终效果。

人员准备：穿戴整洁，做好必要防护（口罩、护目镜、手套）不准佩戴手表、戒指等金属饰品，以防划伤车漆。

☞ 活动四　施工

步骤一

用记号笔在玻璃的反方向画出需研磨抛光的位置。

步骤二

划痕研磨：将研磨底座安装到抛光机上，依次按照由粗到细的顺序（绿—粉—蓝—橙）取出绿色研磨片安装到研磨底座上。启动抛光机对划痕位置进行研磨，来回往复运动，打磨至表面呈雾状即可。注意事项：研磨不需要压着底托，抛光时轻微用力。

研磨片的主要成分为进口金刚石颗粒，根据含金刚石颗粒大小分为四种不同颜色的研磨片（由粗到细）。

绿色研磨片的金刚石颗粒为 35μ（约为 400 目）；粉色研磨片的金刚石颗粒为 20μ（约为 800 目）；蓝色研磨片的金刚石颗粒为 10μ（约为 1800 目）；橙色研磨片的金刚石颗粒为 5μ（约为 3000 目）。

使用方法：配合可调速的电动工具和研磨底座配合使用。

汽车装饰与美容

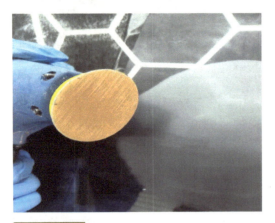

> **注意事项**

研磨过程中,研磨片要与玻璃贴平,全程需要不间断喷水,研磨5s就抬起电动工具让研磨片充分散热,目的是用水流带走研磨粉尘和降低玻璃表面温度,以防止温度过高,抛裂玻璃。

步骤三

划痕抛光:取下研磨底座更换抛光底座,将羊毛抛光盘安装到抛光底座上。将抛光膏挤压在羊毛抛光盘上,然后均匀涂抹于修复区域,启动电动工具来回往复运动进行抛光研磨。

> **注意事项**

抛光时需要喷雾状水,抛15s后歇20s,然后喷一下水继续抛(水要不多,抛光膏湿润即可)。

> **注意事项**

被抛光玻璃表面不能超过60℃,以防玻璃变形。一般情况下,抛光15s就要抬起电动工具,用手触摸玻璃,如果感觉到玻璃发热,就要暂停抛光,等玻璃凉了再继续抛光;使用喷水瓶给修复区域喷雾状水,以保证抛4次加一次抛光膏;循环抛20次后,用湿毛巾擦净并观察划痕,如划痕还在,重新再抛,直到划痕全部抛掉,表面光滑如新,抛光结束。

使用喷水瓶给修复区域喷雾状水,保证抛光膏一直处于膏状,不要喷水过多,避免抛光膏流走,不但造成浪费而且达不到修复效果。

钢铁的莫氏硬度在4.5左右,而玻璃的莫氏硬度在7.5左右(金刚石硬度是10)。从数据上可以看出玻璃的硬度要远高于钢铁,因此玻璃的抛光需要一定的时间,抛光15cm×15cm面积大小的轻微划痕的有效抛光时间(即转动的羊毛抛光盘与玻璃接触抛光的时间)至少在5~15min后才能看到效果。

项目四　汽车部件修复

步骤四

整理工具：实训操作结束后，拆除汽车外观防护用品，需对电动工具表面擦拭干净，羊毛抛光盘需清理干净。

> **注意事项**

实训结束后，需对实训场地及周围卫生清理干净，关闭电源开关，电源插排归位。

☞ *活动五　检查验收*

施工技师仔细检查，确保修复效果。

☞ *活动六　联系用户*

负责接待的前台人员联系用户，并告知修复完后，两天内不要用水冲洗修复部位，同时空调不可直吹修复处。

☞ *活动七　交车*

交车前，由店长再次检查车辆，确保修复效果后，将钥匙交还用户。

☞ *活动八　评价总结*

步骤一

自评；组内互评，记录员汇报施工过程中记录的问题，安全员汇报施工过程中存在的安全问题；小组总结，对存在的问题提出整改意见。

步骤二

教师点评各小组在施工过程中存在的不足之处，提出合理的改进意见。

参 考 文 献

[1] 赵俊山,胡克晓. 汽车美容[M]. 北京:人民交通出版社股份有限公司,2017.
[2] 林旭翔. 汽车美容与装饰[M]. 北京:人民交通出版社股份有限公司,2018.
[3] 姚时俊. 汽车美容[M]. 北京:机械工业出版社,2015.
[4] 张鹏,王志波.汽车美容[M]. 北京:北京理工大学出版社,2016.
[5] 李志林. 汽车装饰美容[M]. 成都:电子科技大学出版社,2019.